# 꽃다발
# 한 아름을

# 꽃다발 한 아름을

1판 1쇄 발행 | 2016년 6월 15일
1판 2쇄 발행 | 2016년 12월 5일

지은이 | 이동렬
발행인 | 이선우
펴낸곳 | 도서출판 선우미디어
등록 | 1997. 8. 7 제305-2014-000020
02643 서울시 동대문구 장한로12길 40, 101동 203호
☎ 2272-3351, 3352 팩스: 2272-5540
sunwoome@hanmail.net


값 12,000원



이 도서의 국립중앙도서관 출판예정도서목록(CIP)은 서지정보유통지원시스템 홈페이지(http://seoji.nl.go.kr)와 국가자료공동목록시스템(http://www.nl.go.kr/kolisnet)에서 이용하실 수 있습니다.(CIP제어번호: CIP2016013511)

ISBN 89-5658-451-5 03810
ISBN 89-5658-452-2 05810(PDF)
ISBN 89-5658-453-9 05810(E-PUB)

# 꽃다발 한 아름을

이동렬 수필집

선우미디어
sunwoomedia

# 머리말

이 수필집 〈꽃다발 한 아름을〉은 내가 이 세상을 다녀가며 남기는 마지막 수필집이 되지 싶다. 지금부터 30여 년 전에 글 쓴다고 소란을 피우던 것이 바로 엊그제 일이다. 그동안 신작 수필집 11권, 선집(選集) 2권이 나왔다. 모든 일에 피크(peak)라는 게 있지 않은가. 이제는 아무리 다르게 써 보려 해도 거기서 거기, 아무런 변화가 없다.

올해는 우리 부부의 금혼 해다. 대학교 3학년 때 같은 과에 갓 입학한 홍일점 병아리를 꾀어내서 1967년 3월에 캐나다 밴쿠버에서 결혼, 바쁘게 바쁘게 살다 보니 어느새 오늘에 이르렀다. 〈꽃다발 한 아름을〉이라는 제목은 미리 생각하고 그렇게 정한 것은 아니나 아내를 위한 제목이 되고 만 것 같다.

이 책에는 수필이 44편, 내 붓글씨와 거기에 따른 짧은 글 22편이 실려 있다. 글씨 중에는 아내가 쓴 것도 있으나 글은 꼭 내가 썼다. 책으로 말하면 공저요, 노래로 말하면 듀엣(duet), 테니스로 말하면 복식이다. 남 앞에 내보이기는 부끄러운 수준이나 내가 내 붓글씨를 내치면 누가 어여삐 봐 주겠는가. 내 허영의 발버둥이라 생각하고 이 책에 싣기로 했다.

이번에도 교정은 토론토의 강경옥 여사가 무료로 봉사해 주었고, 〈선우미디어〉의 이선우 사장이 출판을 맡아 주었다. 두 분께 가슴 한 아름 마음의 꽃다발을 드린다.

캐나다 토론토 피어슨 국제공항 옆

陶泉書廚에서

저자 이동렬

## 차례

## Chapter 2 인사동



## Chapter 3 눈[雪]오는 밤의 소야곡

## Chapter 4 서울 가는 비행기 속에서

## Chapter 5 붓 가는 대로 마음 가는 대로

Chapter 1

# 운명은 아무도 모른다

# 운명은 아무도 모른다

나는 앞으로 어떤 인생행로를 걷게 될까. 어린 시절에는 몹시 궁금해 할 때가 많았다. 아이가 엄마 뱃속에서 얼굴을 쏘옥 내밀며 '아, 괴로운 인간 세상' 하며 '으앙' 울음을 터뜨리는 순간, 바로 그 순간의 시(時)와 천문을 보고 '이 아이가 장차 귀한 자리에 오를 아이'니, '돈을 많이 만질 아이'(은행 수납계 직원이 될지, 재벌이 될지는 모르지만), '평생 나라의 녹을 먹고 살 팔자'라느니 장래를 점쳐 보기를 좋아한다. 아이의 돌잔치 때 쌀을 깔고 그 위에 돈, 책, 붓, 실패 등의 물건을 늘어놓고 아이가 어떤 물건을 제일 먼저 집느냐에 따라 그 아이의 먼 장래가 결정된다. 충무공 이순신 같은 무인이나 퇴계(退溪) 이황 같은 학자들도 하루에 한 번은 꼭 점괘를 뽑아 보았다 하니 예로부터 우리 앞날에 대한 궁금증은 지금보다 더하면 더했지 덜하지는 않았지 싶다.

하루는 다음과 같은 내용이 내 컴퓨터에 올라왔다. 생각해 볼

거리가 되겠다 싶어 여기에 소개한다.

장차 세계의 지도자가 될 세 후보가 있다. 각 후보에 딸린 간략한 '프로파일(profile)'을 읽고 어느 후보가 마음에 드는가 결정해 보라.

후보 A : 부정직한 정상모리배들과 어울려 다니며 점쟁이를 가끔 찾아간다 ; 내연녀 둘이 있다 ; 골초 흡연가다 ; 하루에 위스키 8~10 잔을 마신다.

후보 B : 공직 자리에서 두 번 쫓겨난 적이 있다 ; 정오가 될 때까지 늦잠을 잔다 ; 대학생 시절에는 마약(아편)에 손을 댄 적이 있다 ; 매일 저녁 한 병 정도의 위스키를 마신다.

후보 C : 전쟁 영웅이요 채식주의자다 ; 담배는 피우지 않으나 맥주는 가끔 마신다 ; 평생 한번도 간통을 한 적이 없다.

자, 이제 세 후보는 실제로 어떤 사람들인가 뚜껑을 열어 보자. 후보 A는 미국의 제32대 대통령 루즈벨트(F. D. Roosevelt), 후보 B는 2차 대전 때의 영국 수상 처칠(W. Churchill), 후보 C는 독일 나치 정권의 총통 히틀러(A. Hitler)이다. 우리는 성(性)적으로 추잡한 행동이나 마약 같은 도덕적 추문에는 넌더리를 내기 때문에 틀림없이 세 후보 중 후보 C가 가장 많은 지도자 지명을 받았으리라는 생각이 든다.

하나 더 해 보자. 여기 임신부 Z여사가 있다. Z여사에 관한 다음 사실을 근거로 당신은 그에게 유산(流産)을 권하겠는가?

Z여사 : 종이나 하녀 계층의 여인으로 어리석기 짝이 없는 어느 술주정뱅이 가수와 재혼해서 아이 여덟을 낳았는데 셋은 농아이고 둘은 맹인, 하나는 정신박약아이다 ; Z여사 자신은 매독에 감염되어 있다.

위의 정보를 근거로 당신이 Z여사에게 유산을 권할 것인가, 아닌가? 만일 유산을 권했다면 당신은 세기의 악성(樂聖) 베토벤(L. Beethoven)을 죽인 것이다.

조선 500년 역사를 통해서 인생의 길흉화복을 귀신같이 알아맞추어 천추만대에 이름을 날린 사람은 ≪토정비결≫의 저자로 알려진 토정(土亭) 이지함이다. 선조 때 마포 나루터에 흙으로 토굴을 만들고 거기서 살았다 해서 토정(土亭)이라 자호(自號)한 그는 천문, 지리, 역학(易學), 복술(卜術), 의술, 산학(算學) 등 모두에 통달하여 세상살이 모든 면에 대단한 신통력을 가지고 예언했다고 한다. 그의 이름이 팔도강산에 퍼진 것은 그의 유명한 목은(牧隱) 이색을 중시조로 한 한산 이씨 가계와 신통력 때문이기도 하지마는 포천과 아산에서 벼슬살이할 때는 물론 야인으로 있을 때도 백성들을 사랑하고, 도탄에 빠져 허덕이는 백성들의 삶을 구제

하기 위한 여러 가지 구제 정책을 수립, 실천에 옮기고 조정에 직접 구체적인 대책을 건의했기 때문이다. 잘못이 있다면 토정의 건의와 정책을 무시해 버리고 외면한 어리석은 임금과 당시 조정의 벼슬아치들이라 할까.

놀라운 신통력으로 주위 사람들의 탄성을 자아내던 토정은 자기 자신의 미래에 대해서는 신통력이 크게 흔들렸다. 토정은 아들 넷을 두었는데 둘은 젊어서 죽고, 하나는 호랑이에 물려 죽었다. 오직 후처에서 난 아들 산겸만이 살아서 임진왜란이 일어나자 뛰어난 전쟁 공로와 지휘력을 발휘한 의병장이 되었다. 그러나 충무공 이순신을 비롯하여 김덕령, 곽재우 등 왜란에 혁혁한 전공을 세운 큰 장수들을 제거하려는 어리석디 어리석은 임금 선조의 '명장 제거 운동'에 걸려들어 산겸도 선조가 직접 지시한 고문 끝에 죽임을 당하고 말았다.

앞의 세 후보의 프로필, 베토벤의 어머니, 토정 아들들의 비극적인 종말을 보면 우리가 아무리 냉철한 이성과 객관적 사고에 기반을 둔 판단에 이르렀다 해도 인생행로에 대한 예견은 정확하지 못한 것, 한마디로 사람의 운명은 아무도 모른다는 말이다. 인생살이란 여름날 피어오르는 뭉게구름, 언제 어떤 모양으로 변할지는 도저히 예측할 수 없는 것이다.

미래를 알고 싶은 욕구에는 한계가 없다. 때로는 자연· 지리 변화의 힘을 빌려 예측하려 들 때도 있지 않은가. 사물 간의 독립

성보다는 연계성을 강조하는 동양적 사고는 인간의 길흉화복이 자연·지리의 변화와 서로 밀접하게 연관되어 있다고 생각한다. 예로, 전라도의 어떤 거유(巨儒)가 태어났을 때 형산강 물이 거꾸로 흘렀다는 이야기가 전해 온다. 이 미래에 대한 궁금증이 사라지지 않는 한 점이나 굿, 사주, 역술 따위의 인생 운명을 점치는 곳의 대기실은 항상 드나드는 사람들로 붐빌 것이다. 성당이나 교회, 절에 사람이 모여드는 것도 이 미래에 대한 궁금증과 불확실성에서 오는 걱정 때문은 아닐까.

(2013. 11.)

# 걸출한 인물

한국 E여자대학교에 있을 때다. 강연 관계로 전라남도 광주시 바로 옆에 있는 장성군에 가서 하루를 묵고 온 적이 있다. 그때 우연히 장성군을 소개하는 팸플릿을 보니 뜻밖에도 조선 연산군 때 의적(義賊)으로 알려진 홍길동이 이곳에서 태어났다는 소개와 그가 태어나서부터 집을 나가기 전까지 살았다는 기와집이 복원되었다고 소개되어 있었다. 그 설명 밑에는 전남대학교 어느 교수가 홍길동의 생가라는 고증을 했다는 말도 적혀 있었고—. 이것을 보면 아무리 남의 물건을 훔치는 도적이라 해도 미스터 홍은 그다지 '나쁘고 악질적인' 사람으로 인식되지는 않았다는 것을 알 수 있다. 홍길동이 연산군 6년, 문경새재에서 관군에 체포되어 서울로 압송되었다는 기록이 있으니, 그는 중종, 명종 때 활약했던 임꺽정이나 숙종 때의 장길산과 마찬가지로 소설 속의 인물이 아니라 실존 인물이다.

우리 민족 대표 효녀 심청(沈淸)이는 홍길동과는 달리 완전히 소설 속의 인물. 그런데도 불구하고 현재 심청이가 태어난 곳이 남한에 두 곳, 북한에 두 곳, 모두 네 곳이나 된다고 하니 어리둥절할 뿐이다. 이것을 보면 걸출한 인물의 출생지가 바로 우리 동네라고 서로 주장한 자리다툼도 상상 밖으로 치열했던 것임을 알 수 있다.

약간 다른 이야기이긴 하지만 내 생가 역동 집에서 걸어서 한나절 거리에 있는 청량산엘 가면 김생굴(窟)이라는 엄청 큰 바위굴이 하나 있다. 신라 때의 명필 김생이 이 굴에 살면서 글씨를 썼다고 해서 이름이 그렇게 붙여진 것이다. 그런데 문제는 김생이 글씨를 쓰며 살았다는 김생굴은 청량산에만 있는 것이 아니요, 내가 알기로는 경주 근처 어느 산에도, 가야산 속리산 등 전국 군데군데 꽤 여러 개가 있다고 하니 어리둥절할 뿐이다. 김생은 굴(窟)만 찾아다닌 서예가였던가. 글씨를 쓰며 살았다는 굴이 왜 그리 많은가. 알고 보면 이것도 김생이 저명인사, 즉 걸출한 인물이라는 사실 때문에 생긴 현상이다. 한가지 재미있는 것은 어느 김생굴에서나 공통적으로 전해 오는 이야기는 김생은 글씨를 쓸 종이가 없어서 가랑잎에다가 붓글씨 연습을 해서 비만 오면 개울물이 시커먼 먹물로 변했다는 내용이다. 꼭 같은 내용의 이야기가 이 김생굴에도 나오고 저 김생굴에서도 나온다.

문제는 여기서 끝나지 않는다. 예술에는 가르쳐 주는 스승이 있어야 한다는 게 나의 지론. 그런데 가르쳐 줄 사람 하나 없고, 남이 글씨 쓰는 것조차 구경할 기회도 없는 그야말로 적막, 음습한 동굴 속에서 아무리 혼자 연습을 한들 좋은 작품이 나올 수 있을까 의심이 간다.

사람이 태어나서 좋은 이름을 남기고 죽으면 그가 태어났거나 살았던 마을 사람들에게는 평생토록 써먹어도 남을 자랑거리를 한 아름 안겨 주는 것과 마찬가지다. 조선 때는 왕비가 태어난 마을은 길지(吉地)라 하여, 그 지역을 한 단계 승급(이를테면 면은 군으로, 군은 시로)시켜 주는 경우가 많았다. 그 반대로 역적이 나면 그 고장을 한 단계 낮추거나 그 고장 사람들에게는 과거에 응시할 자격조차 빼앗아버리는 경우가 많았다.

그래서일까, 요새는 전국 어디를 가도 그 지방 출신의 문인, 예술인들의 시비(詩碑)나 기념비가 자주 눈에 띈다. 이름을 처음 들어보는 가수나 문인들의 이름과 작품을 감상할 기회도 되니 이런 것들이 여행하는 잔재미를 더해 준다. 자연이 사람을 꾸미기도 하지마는 사람이 자연을 꾸미기도 하는 것. 한 인물을 배출한 지역은 그 걸출한 인물 하나 때문에 모든 주민들이 정신적으로 거기에 매달려 있는 것처럼 보일 정도로 그 걸출한 인사로 '도배'가 되어 있다. 진주에 가면 논개요, 충청남도 홍성에 가면 매죽헌(梅竹軒) 성삼문이다. 사육신의 한 사람인 매죽헌은 홍성에서 태어났기 때문이다. 천안에 가면 유관순이요, 전라북도 부안에 가면 매창이다.

사족 하나. 지난 4월 세월호의 비극에 경기도 안산에 있는 단원고등학교 학생들이 많이 희생되었다. 아마도 이 학교 이름이 우리 민족의 대표적 화가 단원(檀園) 김홍도가 안산 태생이기 때문에 거기서 생겨난 이름일 것이라고 혼자 결론을 내렸다. 김홍도의 태생지가 어딘지에 대한 정설은 없다. 그가 초기에는 서호(西湖)라는 호를 썼으니 당시 서호로 불리던 마포-서강 어딜 거라는 추측이 있었으나 그의 스승 표암 강세황의 ≪표암유고≫가 나온 뒤부터는 안산일 거라는 설이 유력해졌다.

사람은 나와 가까운 사람일수록 그의 '성공'과 '실패'는 곧 나의 '성공'과 '실패'가 된다. 아내나 친동생 같은 촌수가 가까운 사람에게 운전을 가르칠 때는 생판 모르는 사람을 가르칠 때보다도 가르치는 사람으로서 인내력이 없어서 말다툼과 분노 상태로 끝나는 경우를 기억할 것이다.

저명인사는 우리 동네에서 태어났기 때문에 심리적으로 가깝다. 그러니 우리나라에서 이름을 날리는 저명한 인사는 우리 동네의 자랑이요, 전 세계에 이름을 날리는 인사는 우리 온 국민의 자랑이다. 요컨대 집단 반사적 영광을 누리자는 무의식적으로 이뤄지는 꿍꿍이수작이라는 말이다. 그러니 저명인사를 떠받치는 습관은 앞으로 천 년, 아니 만 년 세월이 가도 변함이 없지 싶다.

(2014. 8.)

# 나[我]와 자랑

이 세상에 자랑을 전혀 하지 않고 사는 사람이 있을까. 자랑은 나와 관계되는 일이나 물건을 남에게 드러내어 칭찬해 보이는 것이니 자랑거리가 전혀 없는 사람은 없을 것이다. 자전거를 못 가진 이들에게 자전거를 가졌다는 것은 자랑으로 보일 수 있고, 쌀밥을 먹을 형편이 안 되는 사람들 앞에서 쌀밥을 먹는다는 것은 하나의 자랑이 된다.

자랑은 남에게 자기 자신을 확립해 보이기 위한 수단이다. 자랑을 함으로써 "나는 바로 이런 사람이요." 하는 것을 주위에 알리는 것이다. 만약 오늘로 이 세상에 자랑이 없어진다면 멋있게 보이는 비싼 옷과 신발, 비싼 풍천 장어와 연평도 조기 사업, 구찌 핸드백, 에스티 로더 화장품 사업도 차차 불경기로 문을 닫게 될 것이다.

자랑은 겸손과 통한다. 자랑을 하지 않으면 겸손한 사람으로,

많이 하면 빼기기를 좋아하는 사람으로 보인다. 자랑은 과시, 교만, 자기선전, 과대 포장, 허영 등 출신 성분이 그다지 좋지 못한 단어들과 가까운 거리에 있다. 그러니 자랑을 너무 하면 허풍선이로 몰릴 수도 있고 자기선전에 사로잡힌 성숙치 못한 사람으로 몰릴 수도 있다.

사람은 언제나 그때그때 상황에 따라 적절히 행동을 조절함으로써 나[我]라는 존재감을 확인하고 또 보호한다. 나[我]의 존재감은 이 세상에서 무엇보다도 소중한 것. 혹시나 나[我]라는 존재감이 남에게 짓밟히거나 상처를 받지 않을까. 만일 그럴 가능성이 있으면 미리 대비를 해야 한다. 예로, 나에 대해서 기분이 나쁜 정보를 듣는 것은 존재감에 상처를 입는 것이니 될 수 있는 대로 그런 자리를 피하는 것도 대비 조처의 하나다. 나[我]에 관계되는 부정적인 이야기를 듣고도 짐짓 못 들은 척하는 것도 마찬가지. 그러니 나[我]를 어떻게 생각하느냐는 것의 추상적인 총 집합체를 생각할 수 있겠는데 이 가상적인 집합체를 우리는 자아개념이라 부른다. "나는 인물이 잘 빠진 사람" "나는 법 없이도 살 사람" "나는 머리가 좋은 사람" 등의 '나'에 대해서 일반적으로 긍정적인 생각을 많이 하는 사람은 긍정적 자아개념을 가진 사람, 반대로 "나는 돌대가리" "나는 어디가 좀 모자라는 사람" "나는 운동신경이 둔한 사람" 등 일반적으로 부정적인 생각을 많이 하는 사람은 부정적 자아개념을 가진 사람으로 불린다. 일반적으로 열등감에 시달리는 사람들은 부정적인 자아개념을, 그 반대인 사람은 긍정적인 자아개념을 가진 사람일 확률이 크다. 이 긍정적·부정적 자아개념이란 어려서부터 부모, 형제, 주위에 있는 사람들과 접촉을 하면서 쌓아온 인간관계의 질(質)에서 생긴 것으로 대단히 끈질긴 것이 특징이다. “세 살 버릇 여든까지 간다.”라는 속담은 한 번 형성된 자아개념은 무척 오래 간다는 것을 강조하는 말이다.

조금 전에 나[我]의 존재감 위협에 대한 대책을 말했다. 그러면 “나는 수학을 못한다.” 같은 부정적 정보를 막기 위해서 어떤 책략들을 세울까. “나는 어릴 때부터 숫자 놀이에는 제로였다.” “나는 제일 싫어하는 과목이 수학이다.” “나는 초등학교 때부터 산수는 70점 넘게 받아 본 적이 없다.”는 등의 나에 대한 부정적 정보를 과감하게, 스스로 먼저 공개하는 것도 알고 보면 내가 수학을 못한다는 사실을 새삼 사람들 입에 오르내리지 못하도록 하기 위한 책략이다. 또한 “수학 잘하는 사람 치고 화통한 녀석 없더라.”거나 “수학 잘하는 사람은 차고 매정한 사람” “수학 잘하면 국어는 못하더라.” 등의 저쪽을 향해 선제공격을 하는 것도 알고 보면 나[我]의 자존감을 감싸기 위한 책략에서 나온 것임에 지나지 않을 때가 많다.

나[我]에 대한 안전에 신경과민이 되다시피 된 사람들이 간혹 눈에 띈다. 행여나 나[我]의 존재감이 상처를 받지 않을까, 누가 나를 ‘업신여기지는 않을까.’ 하는 긴장감에 시달림을 당하는 사람들이다. 이들은 세상 사람들이 걸핏하면 나[我]를 걸고넘어지거나 경멸할 것이라고 생각하는 경향이 있다. 그러니 이들이 세상을 보는 눈은 당연히 전투 자세. 예로 김 회장님에게 '님' 자 하나 빼고 불렀다가는 난리가 난다. 나[我]의 존재감을 위협하는 행동은 참기가 어려운 것이다.

감투를 지나치게 밝히는 것도 나의 존재감에 대한 지나친 관심일 때가 많다. 권력 혹은 힘[power]이란 나는 물론 남의 생활에도 영향을 줄 수 있는 것이기 때문에 권력을 가지면 남들이 눈여겨보거나 내 의견에 맞장구를 치며 나를 따르는 사람들이 불어난다. 이래서 권세가 있는 사람들은 유난히 자랑을 많이 한다. 자랑을 많이 하는 사람이 권력을 찾는 경우가 많고 권력을 거머쥔 사람들이 자랑을 늘어놓는 경우가 많다. 사람들은 이들이 늘어놓는 자랑에 도전하기보다는 그 자랑에 비위를 맞추거나 묵묵히 듣고만 있을 때가 많으니 자랑은 별 저항 없이 기하급수적으로 늘어간다.

사람은 누구나 나[我]의 존재가 상처를 받을 때는 기분이 나쁘고 경우에 따라서는 격렬한 저항을 한다. 옛날 양반집 노비(奴婢)가 도끼로 자기 주인을 때려죽였을 때 재물에 큰 손해를 보거나 두들겨 맞은 것이 아파서 그런 것이 아니다. 나[我]라는 존재감이 참을 수 없는 상처를 받았기 때문에 이를 보호하기 위해서 분연히 일어선 것이다. 어떤 사람은 스스로 목숨을 끊음으로써 상처받은 나[我]를 보호한다. 죽음까지 마다 않으며 나[我]의 위치를 고수하려는 것이다. '내[我]가 여기 있다.'고 하늘을 우러러 목이 터져라 부르짖는 외침이다. '지렁이도 밟으면 꿈틀한다.'는 속담이 있는데 하물며 사람이랴—.

(2014. 10.)

# 눈 뜬 장님

김혈조 교수의 논문 〈연암 박지원의 사유 방식과 산문 문학〉에 실렸던 내용을 유홍준 교수가 그의 책에 인용한 적이 있다. 오늘은 내가 그것을 또다시 이 글에 인용한다. 내용은 이렇다.

서화담 선생이 길을 가다가 울고 있는 사람을 하나 만났다. "당신은 왜 울고 있소?" "나는 세 살 때 눈이 멀어 40년이 되었습니다. 그런데 그전에 어릴 때는 손, 들을 때는 귀, 냄새를 맡을 때는 코에 의지했습니다. 사람들은 모두 눈만 가지고 보지만 나는 손, 귀, 코 모두 눈 아닌 게 없습니다. 그래도 아무 문제가 없었는데 돌아오는 길에 두 눈이 갑자기 밝아지더니 천지가 환하게 보이고 세상 만물이 눈을 막아 버려 내 손, 발, 코, 귀는 아무 소용없게 되어 세상이 뒤집혀져서 길도 못 찾아가게 되어 이렇게 울고 있습니다." "네가 의지하던 손, 발, 코, 귀에 물으면 될 것 아니냐." "내 눈이 밝아졌으니 그들은 아무 쓸데가 없습니다." "다시 눈을 감아라. 그러면 너는 집을 찾아갈 수 있을 것이다." 이 일화는 여러 가지로 풀이될 수 있다. 나는 밝고 눈부신 것이 많다고 반드시 좋은 것은 아니라는 것을 암시하는 말로 해석한다.

오늘날 내가 살고 있는 세상은 그 장님이 갑자기 눈을 뜬 세상처럼 모든 것이 눈부시도록 현란하고 밝은 세상이라는 생각이 들 때가 많다. 너무나 신기한 것이 많고 옛날 같으면 꿈에서도 상상할 수 없는 신기한 것들이 쏟아져 나오니 장님이 갑자기 눈을 뜬 것과 무엇이 다르랴. 수만리 떨어진 서울에서 보낸 편지를 몇 초 안, 아니 거의 동시에 캐나다에서 받아 볼 수 있지를 않나, 지금 자카르타에서 소나기가 오는지 아닌지, 소련의 모스크바에서 바람으로 지붕이 날아가는 것도 캐나다 주택 응접실 푹신한 소파에 앉아 구경할 수 있는 세상이다.

너무 많은 지식·정보가 쏟아져 나오니 요즈음은 지식이란 것도 옛날처럼 머릿속에 저장해 둔 것을 꺼내서 재구성할 필요도 많이 줄어들었다. 요새는 생각해서 짜내는 정보보다 있는 정보 중에서 선택하는 일이 더 중요할 때가 많다. 식료품 가게에 가면 피클(pickle)이 한 가지만 있는 게 아니다. 열 가지가 넘는 피클이 모두 매력적인 포장을 하고 있어서 그중 하나를 골라야 한다.

요새는 하도 서로 상반되는 지식·정보가 나오니 어느 것을 믿어야 하나 참으로 혼란스러울 때가 많다. 예로, 계란이 그렇다. 계란 노른자는 콜레스테롤 덩어리니 건강에 해롭다 하여 한때 아침 식탁에서 자취를 감춘 적이 있다. 그러더니 요즈음 와서는 계란을 매일 한 개씩 먹어라, 먹지 마라 말이 많으니 어찌해야 할지 혼란스럽기 짝이 없다.

나는 요즈음 와서 음식에 대한 태도가 많이 달라졌다. 먹고 싶었으나 건강상 이유로 피했던 음식도 마구 분별없이 먹기 시작했다. 올해로 내 나이 일흔다섯. 몇 살을 더 살겠다고 이 먹는 즐거움을 그냥 보내고 마는 것일까. 앞으로 산다 해도 15~20년 안팎밖에 더 못 살 텐데 해롭다는 음식을 먹어서 그 영양소가 내 몸에 건강상의 문제를 일으키자면 지금부터 5, 6년은 걸리지 않을까. 그래서 며칠 전에는 늘 먹고 싶었으나 참아왔던 돼지고기, 그것도 기름 덩어리의 집합체로 알려진 삼겹살인가 오겹살을 실컷 먹고 왔다. 삼겹살, 오겹살이여 오라. 내가 너희들을 반겨 주리라.

세상이 방금 눈 뜬 장님마냥 너무 밝은 것도 나 같은 둔보에게는 여간 불편한 세상이 아니다. 본래 안개 낀 날처럼 뿌연 세상에 더듬으며 살아가는 것을 기대했던 이 시골뜨기가 너무나 밝은 세상, 궁금한 구석이라고는 없는 세상, 모든 것이 일사불란하게 정리, 나열되어 있고 그 사이를 비집고 다녀야 한다는 것을 생각하니 너무 답답하고 구속감을 느낀다. 인간은 뭣이든 자기 자신의 힘으로 해결하는 것을 좋아한다. 어렸을 때는 안경을 만들고, 전화, 썰매를 만들고 놀았다. 수수깡 안경을 조심스럽게 만드는 순간이야 국전 출품을 준비하는 공예가의 심정과 다를 것이 뭣이랴.

요새는 이런 장난감을 만드는 아이들은 없다. 장난감 가게에 가면 울긋불긋 여러 가지 안경들이 줄을 지어 손님을 맞는다. 장난감도 만들어 쓰는 게 아니라 선택하는 시대. 그러나 나는 가끔 경주 다보탑을 위해서 석재(石材)를 고르던 장인(匠人)의 심정으로 수수깡 '원목'을 고르던 그 유년 시절이 그리울 때가 있다.

(2014. 11.)

# 예술인의 정신세계

언제 어디서 들었는지 혹은 읽었는지는 잘 모르겠지만 나는 이런 우스갯소리를 기억한다. 즉 다음 세 가지 부류의 사람들은 결코 좋은 예술가가 되지 못할 사람들이라는 것. 첫째, 넥타이 매기를 좋아하는 사람, 둘째, 서류에 도장 찍기를 좋아하는 사람, 셋째, 회의를 좋아하는 사람이다. 모두가 남성 위주의 말. 그러나 얼추 들어맞는 말 같다는 생각도 든다.

하나씩 내 의견을 달아 보자. 내 강의가 있는 날은 꼭 정장에 넥타이를 매고 갔으니 이럭저럭 30년 넘게 넥타이를 매고 다닌 셈이다. 그러니 지금 와서 넥타이 매기가 '싫다' '좋다'니 하는 말을 꺼내는 것은 별 의미가 없는 것 같다.

둘째, 서류에 도장 찍기를 좋아하는 것에 대해서. 나는 한국에서나 캐나다에서 서류에 도장을 찍을 만한 자리에 앉아 본 적도 없으니 이에 대해서 이러니저러니 말할 자격이 없는 사람이다.

물론 청춘 시절에는 높은 자리에 앉아서 거드름을 피우며 중요한 서류에 결재 도장을 꾹꾹 찍는 장면을 상상해 보지 않았던 것은 아니다.

마지막으로 회의를 좋아하느냐다. 이에 대한 나의 대답은 확고한 '아니오'다. 대학에 직장을 얻은 죄로 만날 무슨 회의, 무슨 회의 하며 회의를 달고 살았다. 대학 선생이란 본래 주둥이를 놀려서 벌어먹고 사는 족속. 거기다가 보통 자기보다 나이가 어린 학생들을 상대로 이래라 저래라 가르치는 입장에 있다 보니 자기는 제법 통 크고 똑똑한 줄 크게 착각하고 있는 부류의 사람들이다. 그러니 회의석상에서 자기가 꼭 한마디 해야만 일이 된다고 생각하는지 안 해도 될 말을 한마디씩 거들다 보니 회의가 턱없이 길어진다. 더구나 나 같은 사람은 말도 시원스레 나오지 않는 데다 캐나다 본토박이면 1, 2분에 끝낼 수 있는 말을 그 서투른 영어로 3, 4분은 끌어야 하니 내게 회의가 재미있을 리가 없다. 이것은 한국 사람끼리 모여서 하는 회의도 마찬가지다.

위의 세 가지에 내가 꼭 하나 보태고 싶은 항목이 하나 있다. 자유로운 정신세계를 갈망하는 정도다. 자유에 대한 갈망의 정도가 낮은 사람은 좋은 예술가가 못 된다는 게 나의 지론이다. 세상에 정신세계의 자유를 갈망하지 않는 사람이 어디 있을까마는 예술인에 있어서는 아무런 제재(制裁) 없이 생각하고 마음대로 작품 구상을 할 수 있는 정신적 자유는 목숨같이 소중한 것이다. 많은 예술인들에게서 찾아볼 수 있는 기이(奇異)한 버릇이나 괴팍한 성벽도 알고 보면 이 자유를 확보하기 위한 몸부림일 때가 많다. 프랑스 파리가 왜 예술인들의 메카(Mecca)가 되었을까. 그것은 그 도시가 풍기는 자유분방한 분위기와 실존의 자유정신이 예술인들 안에 잠재하고 있던 창의성을 자극하기 때문일 것이다.

정신적인 자유란 사고(思考)의 자유를 말한다. 이것과 저것 사이에 줄을 딱 그어놓고 저쪽으로 한발짝만 들어가면 큰일 날 줄 알라고 협박하는 공포 분위기에서는 정신적 자유도 예술적 창의력도 말살되고 만다. 나는 가끔 6·25 동족상잔의 비극을 거치면서 왜 우리는 위대한 소설 하나 나오지 못했을까 궁금한 생각이 들 때가 있다. 빨갱이도 우리네처럼 기뻐서 웃고 슬퍼서는 눈물 흘리는 순정(純情)이 있는 인간으로 묘사했다가는 대번에 빨갱이 혹은 종북 세력으로 몰려 가혹한 보복이 따르는 시대정신에서는 자유분방한 예술적 창의성이 일어나기가 어렵다. 톨스토이(L. Tolstoy)의 소설 〈전쟁과 평화〉에서 모스크바를 침공하는 프랑스 병사들이 침략자로, 악독한 짐승으로 묘사되어 있던가. 아니다. 침략자 프랑스 병사들도, 모스크바를 방어하는 소련 병사들도 다 같이 울고 웃을 줄 아는 인간들로 묘사되어 있다. 전쟁이란 인간의 허영에서 오는 비극임을 묘사할 수 있을 때에 위대한 작품이 탄생할 수 있는 것이다.

예술 행위에는 여러 장르(genre)가 있다. 음악, 미술, 시와 소설

이 모두가 예술이다. 이 많은 예술들이 한결같이 갈망하는 것은 정신세계의 자유다. 그러기 때문에 한 가지 장르의 예술, 이를테면 음악이나 미술은 무용이나 문학 같은 또 다른 장르의 예술과 운명을 같이한다. 예로, 베토벤이 음악으로 찬란한 예술의 빛을 뿜을 때는 문학 같은 다른 장르의 예술도 빛을 뿜게 되는 것이다.

나는 미술이나 음악 같은 장르의 예술에는 문외한이다. 그러나 내 나름대로 예술의 목적은 미(美)를 창조하는 것이라는 정도는 알고 있다. 미(美)가 무엇이냐는 문제는 많은 철학자, 예술가, 문인들 사이에서도 의견이 분분한 것으로 안다. 우리가 예술과 미(美)를 어떻게 정의하든 간에 정신적인 자유는 모든 예술적 창의성의 밑거름이 되는 것이다.

(2015. 1.)

# 오원(吾園)과 석봉(石峰)

석봉(石峰)은 조선 중기의 서예가 한호의 아호요, 오원(吾園)은 조선 후기의 화가 장승업의 아호다. 한 사람은 글씨로, 또 한 사람은 그림으로 일세를 풍미하던 대가들이다. 나는 어렸을 때 아버지로부터 오원 장승업에 관한 이야기를, 비록 늘 똑같은 내용이었긴 하지만, 수십 번은 넘게 들었다. 즉 오원은 글을 깜깜 모르는 화가이기 때문에 낙관(落款)에 '오원 장승업'이라고 쓴 작품은 모두 가짜라는 말.

나중에 책을 통하여 내 스스로 알게 된 오원의 몇 가지 특성은 다음과 같다. 첫째, 가난한 집에서 태어난 오원은 어려서 부모를 잃고 서울 수표교 근처 어느 부잣집에서 얹혀살았다. 둘째, 그림에 천부적인 재질을 타고난 그는 선생 없이 그림을 그렸다. 글도 주인집 자녀들이 배우는 한문을 어깨너머로 배웠다. (그러니 아버지가 내게 들려 준 오원에 관한 이야기는 신빙성이 없는 것으로 판명됐다.) 그에게 그림 선생이 있었다면 주인집에 소장된 원·명·청대의 명화를 보고 흉내 내어 그려 본 것이 전부라 할까.

셋째, 그의 그림은 정력적이고 호방하며 정제되지 않은 기운이 철철 넘쳐난다. 청(清)대에 유행하였던 정판교를 위시한 양주 팔괴(揚州八怪)의 영향을 많이 받았다는 것이 전문가들의 일치된 의견이다. 넷째, 오원의 명성이 임금의 귀에까지 들어가 고종은 오원의 병풍을 하나 몹시 갖고 싶어 했다. 그래서 오원을 궁중에 불러 머물게 하고 술과 고기를 대접하고 여자를 가까이 할 수 있게 해 주었다. 그러나 그는 며칠이 지나자 갑갑해서 궁중을 탈출, 잡아 오면 며칠 동안 그림을 그리다가는 또 탈출, 잡혀 오는 과정을 여러 번 되풀이하였다. 나중에는 민영환이 자진해서 자기 집에 데려가서 그로 하여금 그림 그리기를 꾀하기도 했다. 그러나 거기에서도 탈출, 결국 고종이 원하던 병풍은 완성하지 못했다는 유명한 일화가 전해 온다.

'한호' 하면 사람들은 누구인가 의아해하지만 '한석봉' 하면 "아, 그 명필!" 하고 대번에 누군지 안다. 내가 초등학교를 다닐 적에 국어 교과서에서 읽은 한석봉에 관한 이야기의 줄거리는 대충 다음과 같은 것으로 기억한다.

집에서 30여 리 떨어진 곳에 '글씨 유학'을 갔다가 집 생각이 간절한 석봉은 글씨 공부를 마쳤다면서 집으로 돌아왔다. 어머니는 "그래, 네가 글씨 공부를 마치고 왔다니 반갑다. 어디 나와 시합을 한번 해 보자. 너는 종이에 글씨를 써라. 나는 떡을 썰겠다." 하고는 불을 껐다. 캄캄한 어둠 속에서 석봉은 글씨를 쓰고 어머니는 떡을 썰었다. 모두가 끝나자 어머니는 불을 밝혔다. 어머니가 썬 떡은 하나같이 반듯반듯하고 크기가 일정하였으나, 석봉이 쓴 글씨는 삐뚤삐뚤 일정하지 못하고 제멋대로였다. 이에 어머니는 "아직 글씨가 멀었구나. 당장 돌아가서 글씨 공부를 더 해라." 며 어린 아들을 다시 글방으로 쫓아 보냈다는 이야기다.

내 생각으로 예술을 위해서는 한석봉 어머니의 '시합'에 문제가 있다고 생각한다. 예술은 꼭 같은 크기의 떡을 써는 것이 아니라 예술적 표현 욕구에 따라 크기가 다르고 기발한 모양의 떡을 써는 것이다. 내가 겪은 이야기 하나. 45년 전 캐나다 서부 노트르담(Notre Dame)대학에 있을 때였다. 우리가 사는 데서 20분 거리 외딴 곳에 그 도시 미술학교 도요(陶窯)과 교수 W가 살고 있었다. 아내와 나는 캐나다에서 도자기로 이름이 난 W가 근처에 살고 있으니 그에게 부탁해서 10인 분 그릇 한 벌[set]을 맞추자는 데 의견을 모았다. 당시로는 엄청난 돈이 요구되는 '초대형' 사업—. 그래서 나는 며칠을 두고 내가 원하는 밥그릇, 국그릇, 샐러드 그릇, 음식 담는 큰 쟁반, 찻잔 등의 크기와 모양을 그린 도안을 준비해서 가지고 갔다. 내놓은 도안을 물끄러미 바라보던 W는

"너는 예술이 뭔지 잘 모르는 것 같구나. 모든 것을 꼭 같게 만드는 것은 예술이 아니다. 꼭 같은 색깔, 꼭 같은 크기의 그릇을 원하면 나한테 부탁하지 말고 시내 백화점에 가거라." '이래 뵈도 내가 서예로 대한민국 국전에 입상까지 한 놈'이라고 속으로는 은근히 뽐내던 내가 W 앞에 얼굴을 들지 못하는 망신을 당하고 만 것이다.

잘 먹여 주고 재워 주던 그 대궐을 도망쳐 나간 오원의 행동은 보통 사람의 눈에는 한없이 어리석은 행동임에 틀림없다. 그러나 화가 오원의 시각으로는 그의 예술 세계, 즉 아무런 구속이나 속박이 없는 자유천지를 찾아 훨훨 날아가고픈 욕구의 표현에 지나지 않는 행동이었을 것이다. 오원에게는 조용하고 아늑한 구중궁궐보다는 사내들끼리 술 마시고, 떠들고, 노래 부르고, 싸움박질하는 장터가 이 욕구를 더 잘 채워 줄 수 있으리라 생각했던 것이다.

글씨가 고르지 못하니 더 배워 오라고 아들을 돌려보낸 어머니 밑에서 자란 석봉은 커서는 사자관(寫字官)이 되었다. 사자관이란 글씨를 쓰거나 베껴서 문서로 보관하는 것이었으니 글씨의 예술성보다는 정확하고 고르게 쓰는 것을 가장 중요하게 여기던 직업. 내 글씨 스승 일중(一中)이 조선 명필 이야기를 할 때 한석봉 이야기를 꺼내는 것을 한 번도 들어본 적이 없는 이유를 이제야 알겠다. 그의 글씨에 예술성이 부족하다고 느꼈기 때문일 것이다.

작가의 예술 정신은 도자기 한 점에만 담겨 있는 것은 아니다. 그것은 서예가의 작품에서도, 화가가 그린 산수화 한 폭에서도, 조각가가 만든 흉상 하나에도 그의 철학과 이상, 꿈과 현실이 예술 정신으로 용해되어 있다는 것을 알면, 우리의 작품 감상은 더 의미가 깊어진다. 이렇게 보면 우리의 삶이란 것도 단연코 하나의 예술품이라 할 수 있지 않을까.

(2014. 11.)

# 소속감

한국은 집단주의(collectivism) 사회다. 집단주의 사회에서는 그 사회에 속하는 멤버 사이의 단결이랄까, 끈끈한 유대감이 유난히 강조된다. 흔히 집단 규범에서 이탈하는 사람은 가혹한 사회적 제재(制裁)가 따른다. 집단 규범에서 이탈하는 경우에는 강한 소신이 큰 역할을 하는 게 보통이나 강한 소신에서 생긴 비정상적인 행동도 자주 눈에 띈다.

예로, 조선 제22대 임금 영조가 그렇다. 영조는 자기를 이어 임금 자리에 오를 자기 아들, 28살의 혈기 왕성하고 건장한 체구의 사도세자를 미워해서 끝내는 그를 뒤주 속에 가두고 물 한모금 주지 않고 여드레 만에 굶겨 죽였다. 아무리 너그럽게 봐 주려 해도 이해가 안 가는 정신병자의 행동! 그런데 놀랍게도 애당초 사도세자를 죽이는 데 적극 가담한 인물은 사도세자의 장인 홍봉한이었다. 원 세상에! 자기 딸을 과부로 만드는 일에 찬성표를 던지는 장인이 있다니—. 당시 홍봉한이 속한 붕당 노론의 공식 당론이 사도세자를 없애 버리자는 것이었으니 이 당론을 떠나서 혼자 외길을 걷기란 죽기보다 더 어려운 일이었을 것이다.

소속된 집단의 사회적, 정치적 요구를 뿌리치기보다는 거기에 부합하여 소속감과 안정감을 느끼고 싶은 욕구를 히틀러(Hitler)에게 잠시 이성을 빼앗겼던 독일 국민이나 군국주의에 정신을 잃었던 일본 사람들 등 인간 사회에서는 수없이 많이 눈에 띄는 현상이다.

사람은 누구나 외로움을 느끼고 남과 함께 있을 때 소속감과 안정감을 느끼고 싶어 한다. 알고 보면 유행(流行)을 따르는 것도 이 소속하고 싶은 욕구의 간접적인 표현이라 할 수 있다. 왜 그럴까. 인간은 어릴 때부터 홀로 서기 위해서는 다른 동물보다는 더 오랜 기간 동안 주위 성인들의 보호가 필요하다. 어른이 되어서도 동굴에 혼자 남아 있으면 맹수나 적들에게 공격당할 위험이 클 뿐 아니라 위기 상황에 놓였을 때 도움을 청할 길도 적어진다. 어쨌든 혼자 있는 것은 여럿이 같이 있는 것보다 위험하다. 이 버릇이 남아서 그럴까, 현대 문명사회에서도 패거리를 만들어 남과 같이 있으면 소속감과 안정감이 늘고 위기감과 외로움은 줄어든다. 그래서일까, 우리는 어른이 되어서도 집단에 소속되지 않으면 불안해진다. 마치 "인간은 사회적(본래는 정치적)인 동물"이란 말이 "너도 어디에 소속되지 않으면 큰 불행이 닥치리라."는 경고가 되는 것처럼—.

남들이 자기를 따돌리지는 않을까 하는 두려움은 반사회적인 행동으로 이어져서 비건설적인 인생행로를 걷게 되는 경우도 있다. 한편 자기가 속한 집단의 멤버들과 결속을 다지다 보면 다른 사람이나 집단에 대한 지나친 경쟁심이나 비방심이 생겨나는 경우가 많은 것이다. 우리는 언제나 남에게 의식, 무의식적으로 자기 자신을 멋있고 근사하게 보이려는 욕심이 있다. 이런 욕심이 없는 사람이 이 지구상에 단 한 사람이라도 있을까. 자기 자신을 적극적이고 긍정적으로 묘사하고픈 욕심이 있는 것은 좋은데 그 욕심이 지나쳐 남을 비방함으로써 이 목적이 달성된다는 착각을 하는 경우가 많다. 많은 경우, 남을 비방함으로써 우리 위치를 끌어올리는 것이 아니라 도리어 그 반대, 즉 우리 자신을 끌어내리는 결과를 가져올 때가 많다.

비방이 마땅한 경우에도 입을 꾹 다물고 있거나 "사람이 살다 보면 그런 일도 있을 수 있지. 너그럽게 봐 주라."는 식의 관대한 사람들이 눈에 띈다. 많은 경우 이런 부류의 사람들은 마음이 너그러운 게 아니라 너그러운 척하는 것이다. 그러니 이 거짓 관대함 속에는 인생만사에 정말 너그럽고 어진 해석보다는 너그러운 척함으로써 사바세계의 시비에 휘말려 들지 않고 자기는 참 군자라는 이미지를 확보하려는 꼼수로 그러는 사람이 많다. 물론 나 자신도 예외는 아니다.

어떻게 보면 인생이란 외롭게 되지 않으려는 끝없는 발버둥이요 노력이다. 이 외로움에 대한 공포는 유전적이라 할 수 있을 정도로 우리의 핏줄 속에 용해되어 흘러 돌고 있는 것이다. 그러나 현대 문명사회는 한 개인이 다른 개인과 접촉하지 않고, 독자적으로 필요한 정보를 수집, 결정을 내릴 기회가 많아진다. 예로 서울서 목포 가는 기차 시간표를 다른 사람과 접촉 없이 컴퓨터 키 몇 개를 두드림으로써 알아낼 수 있다.

지하철이나 커피숍에 들어가면 두 사람이 마주앉아 손에는 스마트폰을 하나씩 들고 그것을 들여다보기에 정신이 없는 광경을 하루에도 수 십 번 볼 수 있지 않는가.

이렇게 보면 우리 생활이 현대의 과학문명과 접촉이 빈번해지면 빈번해질수록 인간의 외로움은 늘면 늘었지 줄어들지는 않을 것 같다는 가정도 해 볼 수 있다.

(2014. 5.)

# 다시 보는 선비

선비란 무엇인가. 요새 말로 하면 학문하는 사람, 학자다. 좀 더 넓은 의미로 지식인까지 포함하는 이도 있다. 선비 혹은 학자는 양심대로 살며 바른 말을 하며 그릇된 것을 보면 이를 지적, 비판하고 올바른 방향을 제시하는 사람들이다. "불같은 정신으로 시대를 호령했고 깊이 있는 사색으로 시대를 떠받쳤던 선비들의 생애"—. 박성순 교수의 〈선비의 배반〉에서 옮겨 온 선비의 묘사다. 선비는 사회의 등대요 양심. 언제나 올바른 비판을 서슴지 않는다는 용감한 이미지가 담겨 있다는 것이 역사학자 정옥자 교수가 지지하는 선비상이다.

내 서가에 꽂혀 있는 선비에 관한 책들을 살펴보면 조선시대의 저명한 유학자들, 이를테면 포은(圃隱) 정몽주나 야은(冶隱) 길재에서 시작하여 퇴계(退溪) 이황, 율곡(栗谷) 이이를 거쳐 조선 후기의 다산(茶山) 정약용, 매천(梅泉) 황현 같은 선비를 뽑아서 그들의 일대기를 서술한 것이 대부분이다. 이들이 선비의 예외적인 인물들이지 선비의 전형적인 인물들은 아닌 것으로 안다.

나는 가끔 이런 생각을 해 본다. 음모와 술수, 혼란이 개국 이래 그 절정에 이르렀던 연산－중종－명종조의 4대 사화(무오, 갑자, 기묘, 을사)도 많은 선비들 사이에 서로 죽이고 죽는 살육전이 있었고, 조선 중, 후기에 일어난 붕당정치도 선비들 간에 생사를 건 권력 쟁탈전이었지 않은가. "불같은 정신으로 시대를 호령하고 깊이 있는 사색으로 시대를 떠받친다는 사람들"이 어찌 이런 소용돌이의 선봉장이 되었을까. 대 문호 송강 정철 같은 선비가 그 좋은 예이다.

몇 주 전 36명의 저명한 중국 문인들의 일생을 분석, 그들의 죽음에 대해서 쓴 리궤원(李國文) 교수의 700쪽이나 되는 방대한 책 〈중국 문인들의 비정상적인 죽음〉을 뒤적이다가 무릎을 탁 칠 정도의 시원스러운 해석이 하나 눈에 띄었다. 리 교수에 의하면 중국의 문인들은 "배워서 뛰어나게 되면 벼슬을 한다."는 꿈을 안고 평생을 살아온 지식인들이라는 것. 그러니 글을 읽고 배우면서 남보다 뛰어나고 싶은 욕심이 저절로 생겨난다는 것이다. 그 결과 이들은 권력을 유난히 좋아하고 권력 앞에 고개를 숙여 세상 명리를 얻는 데서 삶의 의의를 느끼는 DNA가 핏줄 속에 흐르고 있다는 것이다. 과거에 급제해서 금의환향하는 것은 평생의 꿈. 이러한 문화적 전통 속에서 자란 선비들은 권력과 세상명리를 위해서는 죽이고 살리는 싸움도 서슴지 않는 경우가 많다는 것이다. 혹 권력자의 연회에 참석할 수 있는 영광이라도 받을라치면, 그 자리가 설사 말석이라 할지라도 황급히 버선발로 뛰쳐나가는 것이 그들의 본성이라는 것. 리 교수는 현대 살아 있는 문인들 가운데도 권력을 백안시하는 사람보다는 그 앞에 황급히 머리를 조아리는 사람들이 훨씬 많다고 하였다.

그런데 권력과 명예에 사로잡히는 것은 유독 중국 선비들만 그런 것은 아닐 게다. 한국 선비들도 다를 게 없는 것 같다. 우리나라도 권력에 아첨하고 명예를 얻을 기회라면 물불 가리지 않는 학자라는 탈을 쓴 사람들이 많았기 때문에 이승만, 박정희, 전두환이 그토록 오랫동안 무소불위의 권력을 휘두를 수 있었지 않았겠는가. 우리 귀에 아직도 생생한 이명박 씨의 대통령 후보 시절 그의 선거 공약 747도 아첨하고 매달리는 권력 지향형 학자라 불리는 사람들이 없었으면 747이란 말도 아주 다르게 나왔을 것이다.

언젠가 다음과 같은 박정희 독재 정권에 참여했던 사람의 회고록을 읽은 기억이 난다. 박정희는 물론 그와 함께 혁명에 참가했던 사람들 모두가 군인이었다. "무식한 군인들…"이란 귓속말을 피하기 위해 존경해 마지않던 대학 교수님들을 대거 영입했다. 그런데 놀랍게도 상아탑 속에서 진리탐구에만 열심인 줄 알았던 존경스런 교수님들이 권세나 이권 앞에 서면 신경을 곤두세우고 누구에게 뒤질세라 허겁지겁 서로들 차지하려고 허둥대는 모습이 마치 연못에 비스킷(biscuit) 조각을 던져 주면 화닥대는 금붕어 같더라는 것. 남을 밟고 올라서는 교수님이 있는가 하면 앞서 가는 동료를 뒤에서 끌어당기는 교수님, 동료 교수를 질투, 모함하는 교수님, 어찌나 지저분하고 체통 없이 구는지 애당초 교수님들에 대한 존경심은 말끔히 사라지고 되레 경멸하는 마음이 생기더라는 내용이다.

나는 권력 앞에 고개를 숙이는 행동 자체를 나무랄 생각은 없다. 돈과 권력 앞에 고개를 숙이는 것은 많은 경우 그다지 부끄러운 일은 아니기 때문이다. 부끄러운 것은 속으로는 권력과 명예를 그토록 갈망하면서도 밖에 나가서는 "권력, 그 더러운 것" 하며 자기는 짐짓 세상명리에 초연한 도사처럼 구는 사람들이다. 구역질나는 위선! 요즘같이 학자들의 정치계 진출이 빈번하다 보면 상아탑을 떠나서 권력이나 세상명리를 추구하는 것이 학자의 본분으로 잘못 해석될 가능성도 있다. 이러다가는 "불같은 정신으로 한 시대를 호령하고 깊이 있는 사색으로 시대를 이끌어갈 선비"들은 앞으로 공룡처럼 멸종이 되어 버리지 않을까 걱정이 된다.

(2014. 1.)

# 이성(理性)의 운명

인간이란 무엇인가. 그리스(Greece) 델포이(Delphi)에 있는 신전에는 누구의 말인지는 밝혀지지 않았지만, "네 자신을 알라."는 글귀가 적혀 있다. 인간이 인간에 대해서 관심을 가졌다는 것을 보여 주는 글귀다. 당시의 철학은 "우주의 본질은 무엇인가?" 하는 우주론적이라 할까, 자연적 사고가 주류를 이루고 있었기 때문에 인간 자신에 대한 관심은 그다지 높지 않았다. 소크라테스(Socrates)는 처음으로 그의 철학적 관심을 자연철학에서 인간에게로 돌려서 인간 문제를 철학의 중심 과제로 삼았다. 그의 노력으로 그리스 철학은 서서히 자연철학에서 정신철학으로 옮겨 왔으며 소크라테스→ 플라톤→ 아리스토텔레스로 이어지면서 이성적 인간관은 더욱더 굳어졌다.

'이성적(理性的)'이란 무슨 말인가. 본능이나 감성적 충동에 의하지 않고 개념적 사유에 기초하여 의사와 행위를 규제하는 능력을 우리는 이성이라 부른다. 책상 위에 놓여 있는 물건이 책이라는 것을 아는 것은 지능이요, 그 책이 좋은 책인지 나쁜 책인지 그 책을 읽을 가치가 있는지 여부를 판단하는 것은 이성이다. 동물은 이성이 없고 인간만이 이성 내지 지성을 소유하고 있기 때문에 인간은 만물의 영장(靈長)이라 불린다.

프랑스 철학자요 수학자인 데카르트(R. Descartes)가 "나는 생각한다. 고로 나는 존재한다."는 말을 던졌을 때 '생각한다'는 말은 곧 이성이 있다는 말. 뒤이어 프랑스 수학자요 철학자인 파스칼(B. Pascal)이 "인간은 생각하는 갈대"라며 인간은 지성을 소유하고 있음을 시사하였다. 이렇게 보면 그리스 철학은 앎의 가치를 중요시하는 주지주의(主知主義)라고 할 수 있겠다. 소크라테스와 플라톤의 철학적 유산을 물려받은 아리스토텔레스(Aristo- tle)는 인간의 본성은 이지적인 존재라며 인간이 이성(理性)을 유감없이 발휘할 때 가장 만족스러운 삶, 즉 행복(eudaemonia)이 실현된다는 것을 주장, 서양 문명의 기초가 되는 사상을 닦았다.

소크라테스, 플라톤, 아리스토텔레스 같은 위대한 철학자를 배출한 도시 아테네(Athens)는 나중에 스파르타와 전쟁에서 패배, 다시 세월은 흘러 로마제국이 등장하자 그 빛나던 그리스 문화는 광채를 잃었다가 14~16세기에 시작된 르네상스(Renaissance)는 그리스 사람들의 사람에 대한 생각을 다시 한 번 음미할 기회를 주었다. 즉 르네상스의 인본주의자들은 그리스 고전을 통하여 인간이 이성적(주지적) 존재라는 사실을 다시 한 번 확인한 것이다.

인간은 신의 피조물이기 때문에 신의 은총이 있어야지 이성만으로는 충분하지 않다고 주장하는 기독교의 영향과 더불어 자연과학의 발달로 다소 빛을 잃었던 이성(理性)관 내지 인간관은 현대로 접어들며 또 한 번의 도전을 받게 된다. 인간에 있어서 보다 본질적인 것은 이성이 아니라 정서(情緖)라고 주장한 괴테(J. Goethe), 이성의 자율성을 부정한 프로이트(S. Freud)는 이성을 인간의 본질로 보는 종래의 주장을 위협한 것이다.

이성은 너무나 사변적, 추상적이요, 관념적이기 때문에 구체적이고 현실적인 인간을 보지 못한다는 생각, 구체적 인간을 파악하기 위해서는 우리 감각기관에 들어온 것만을 인정해야 한다는 요지의 경험철학을 바탕으로 한 실증주의와 함께 감성적 인간관이 부상하였다.

"이성적으로 생각하라." "냉철한 이성을!" "이성을 잃지 말자." 따위의 말을 할 때는 인간에게 보편타당한 것이 있다는 것을 전제한다. 즉 사람 A의 이성 = B의 이성 … = K의 이성이고 여러 사람이 꼭 같은 결론에 이를 수 있는 객관성을 요구한다. 그런데 감성적, 구체적 인간에 있어서는 그들이 처해 있는 환경이 다르기 때문에 보편적 본질의 추구보다는 오히려 그 특수성이 강조되어야 될 때가 너무나 많다. 예로, 두 아이에게 "해가 어디서 뜨느냐?"고 물었을 때 산속에서 사는 아이는 해가 산에서, 바닷가에 사는 아이는 해가 바다에서 솟아난다고 대답할 것이다. 둘 다 맞다. 이처럼 인간은 자기의 감각기관을 통해서 들어오는 경험을 외면할 수는 없다.

20세기에 들어와서 미국을 위시한 서양 여러 나라들의 과학 사조, 특히 심리학이나 사회학 같은 행동과학은 이 경험주의와 실증주의에 굳건한 기반을 두었다. 내가 캐나다에 처음 왔을 때만 해도 극단적인 실증주의에 빠져 광신도처럼 나대는 사람들을 비교적 자주 볼 수 있었다. 4, 50년이 지난 오늘날, 극단적인 실증주의의 인기는 많이 퇴색되고 말았다.

순도 높은 감성적 인간관에서는 개개 인간은 이 세상에 오직 하나뿐인 특유의 존재로 본다. 또한 진리라는 것도 자기 주관적 진리가 있을 뿐이지 보편적 진리는 추구하지 않는다. 과거 심리학이나 사회학 같은 행동과학을 지배해 왔던 보편적(nomothetic) 패러다임에서 보면 다분히 반(反)과학적이다.

이제 이성의 운명은 다한 것인가. 아니다. 삶이 이렇게 빠른 속도로 바뀌면 사람도 달라질 것이고, 사람이 달라지면 이성(理性)을 보는 눈, 감성을 보는 눈 모두가 또 달라질 것이다.

(2013. 12.)

# 아호(雅號) 이야기

아호란 본 이름이나 자(字) 말고 허물없이 남을 부르기 쉽게 하기 위하여 지은 이름이다. 어의론자(語意論者 : semanticist)들은 서로 다르다고 우기겠지만 호, 별호, 당호, 아호 모두가 같은 말이다. 조선시대 때 그림, 글씨깨나 쓰는 사람들은 모두 아호가 있었으나 그밖의 평민들은 거의 호를 가진 이가 없었다. 그러나 요즈음 세상에는 거리에서 군밤 파는 아저씨부터 이발사, 미용사를 거쳐 대통령에 이르기까지 호를 가지고 싶은 사람은 누구나 가질 수 있는 세상이다.

고등학교 1학년 때인가 2학년 때 상초(霜艸)라는 자호(自號)가 하나 있었다. 서리 맞은 풀이란 말이다. 지금 생각해도 지지리도 못나고 패기라고는 찾아볼 수 없는 자기 비하적인 호라는 생각이 든다.

나는 안동에서 중학교를 마치고 고등학교는 더 큰 도시 대구에서 다녔다. 입학하여 등교 첫 날이었다. 나보다도 키가 반 뼘은 작아 보이는 꼬마 녀석 하나가 내게 다가와서는 다짜고짜 싸움을 걸어오는 게 아닌가. 내가 시골뜨기 티가 줄줄 흐르는 하잘 것 없는 놈으로 보여 제일 만만해 보였던 모양이다.

까마귀 싸우는 골에 백로야 가지 마라, 나는 싸움하는 데는 근처에도 가보지 못한 겁보. 얼굴도 모르는 토끼 불알만한 녀석(실례!)이 '보좌관' 셋과 함께 도전장을 던지는 것이었다. 안동의 자존심이 짓밟히는 것을 어찌 보고만 있을 것인가, 분연히 일어서는 수밖에 없었다. 학교가 끝나고 녀석과 그의 보좌관들을 따라 학교 근처 어느 골목에서 1 : 1 '한낮의 결투'를 벌이게 되었다. 그런데 하늘이 도우사 내가 겁에 질려 마구 휘두르는 주먹에 맞아 녀석이 코피를 쏟는 게 아닌가. 자기들 진영의 예상 밖 결과가 나오자 보좌관들은 즉시 싸움을 중지시켜 버리는 것이었다. 얼굴도 모르는 녀석들한테 끌려와서 공포에 질려 발발 떠는 내가 자기들 보기에 무척 가여워 보였던지, 아니면 화랑도 정신이 남아돌아 그런지 싸움을 중지시켜 놓고 저들끼리 뭐라 뭐라 수군거리더니 나를 그 자리에 남겨두고 모두 뒤돌아서 가 버리는 것이었다.

놀란 것은 나였다. 세상에! 내 섬섬옥수에 맞아서 코피가 터지는 놈도 있다니—. 억세게도 운이 없는 놈이다. 어렸을 때 아버님께서 늘 하시던 말씀, "싸움을 하려거든 너보다 더 센 놈하고 해라."가 생각났다. (아부지요, 모르는 소리 고만 하이소. 쎈 놈하고 붙어서 얻어터지는 것보다는 약한 놈하고 붙어서 이기는 재미가 몇 배 더 큰 걸요.)

이 '한낮의 결투'는 내가 고등학교를 마칠 때까지 내게 큰 그림자를 던져 준 '사건'이었다. 나는 고등학교 시절 내내 기가 죽어지냈다. 친구도 별로 없었다. 외롭게 지낸 덕분에 학교 도서관에 있는 춘원 이광수의 〈유정〉 〈무정〉으로 시작해서 한국 소설, 소련 소설 등을 공부를 소홀히 하며 많이 읽었다. 그러니 내 호 상초(霜艸)는 안동에서 대구로 옮겨 눌려 지내던 나의 풀죽은 기상을 나타내는 것이다. 서리 맞은 풀이 아니라 죽은 풀(死艸)이라 해도 괜찮을 것 같았다.

내가 정식 아호를 갖게 된 것은 관수동 동방연서회의 일중(一中) 김충현 선생 문하생이 되어 서예를 배울 때였다. 일중 선생은 나에게 도천(陶泉)이란 호를 내렸다. 안동 도산 사람이란 말이다. 나는 도천 말고도 청현산방주인(靑峴山房主人)이란 호를 하나 더 가지고 있다. 청현(靑峴, 푸른 고개)이란 내 생가 역동집에서 내다보이는 강 건너 늘매 마을 뒤에 있는 나지막한 고개다. 내가 예안면 소재지에 있는 초등학교를 다닐 때 아침저녁 넘나들던 고개로 나와 정이 들어도 보통 든 게 아니다.

몇 달 전 브리티시 컬럼비아대학교 수학과 교수로 있다가 타계한 C교수 산소에 다니러 가자는 제의가 있어서 밴쿠버에 가서 C교수 댁에 이틀을 있다가 왔다. 나와 같은 목적으로 함께 공부하던 하와이대학교의 K형, 노스캐롤라이나대학교의 C형도 왔다. 47년 만에 다시 보는 얼굴들, 말이 안 나올 정도로 반가웠다. K형은 나를 보고 자기 아호를 하나 지어 달라고 부탁해 왔다.

나는 이전에도 여러 사람들의 아호를 지어 줬으나 내가 지어 준 아호를 실제로 쓰는 이는 그다지 많지 않은 것 같았다. 성희롱을 하다가 걸려든 사람들의 명단도 아니니 세 사람만 실명을 공개한다. 첫 번째는 한국 기업은행장을 지낸 심종린 형이다. 나는 그에게 운촌(雲邨)이란 호를 지어 주었다. 구름이 머무는 마을이니 이런 멋있는 동네에서 물어뜯고 싸우는 사람들이 있을까. 두 번째는 서울대학교 지구환경 과학부 교수로 있던 문우일 형이다. 그에게는 무심헌(無心軒)이란 호를 지어 올렸다. 무심한 사람처럼 행동하는 것이 좋아서 그냥 무심헌이라 했다. 세 번째는 경북대학교 교육학과의 김보경 형이다. 일무(一無)라는 멋진 호를 술 한 잔 마시지 않고 지어 드렸는데도 그 호를 쓰는 것은 한번도 보질 못했다. 네 번째가 K 교수 차례다. 일초(一艸) 아니면 잠사(岑史)가 어떨까. 일초는 한 조각 풀잎이란 말이고, 잠사의 잠(岑)은 '산 작고 높은 봉우리 잠'자이니 K형의 신수와도 별 어긋남이 없는 말이다.

K교수가 일초나 잠사 중에서 어느 것을 택할까 궁금하다. 더욱 더 궁금한 것은 둘 다 마음에 안 들면 어떡하나? 내 실력이 여기까지이니 마음에 들지 않으면 K형 자신이 이덕무가 호 짓는 법을

말한 ≪청장관전서(靑莊館全書)≫를 뒤지라고 권고해 볼 작정이다. 청장관전서니 뭐니 그만두고 어느 운명철학연구소나 작명소에 가면 여러 개의 호가 한꺼번에 쏟아져 나올 텐데.

(2015. 6.)

# 천자문(千字文)

한국에서 자란 일흔 살이 넘은 사람으로 '하늘 천, 따 지'로 시작되는 〈천자문〉 첫 구절을 들어보지 못한 사람은 드물 것이다. 〈천자문〉에는 말 그대로 천 자의 글자가 들어 있다. 우리가 학교를 가기 전 대여섯 살 어린 나이에는 〈천자문〉을 배우는 아이들이 꽤 많이 있었다. 어릴 때 아버지한테 들은 이야기인데 〈천자문〉을 쓴 사람은 양(梁)나라 주흥사라는 사람으로 그가 큰 죄로 감옥에 갇혀 있었는데 "네가 오늘 밤 안으로 어린 아이들이 배워야 할 유익한 글자 천 자가 든 문장만 만들어 주면 풀어 주겠다."는 말을 해서 주흥사가 밤사이에 지어낸 글이라 한다. 글을 짓느라 어찌나 신경을 썼던지 아침이 되니 머리가 하얗게 세고 말았다고 해서 〈백수문(白首文)〉이라고도 한다. 책 한 권만 쓰면 풀어주겠다고 한 벼슬아치가 누구인지는 모르지만 (혹시 임금이 아니었을까) 참 멋있는 사람이라는 생각이 든다.

아기의 돌잔치를 할 때는 돌상에 쌀을 깔고 〈천자문〉 한 권, 종이, 먹, 붓, 돈, 실[絲], 활[弓] 따위를 늘어놓고 아기가 어느 것에 손이 제일 먼저 가느냐를 보고 그 아기가 커서 무엇을 할 사람인지 점쳐보는 풍습이 있었다. 〈천자문〉 책을 맨 먼저 잡으면 이 놈(년)이 큰 학자가, 붓이나 먹, 종이를 잡으면 명필이, 돈을 잡으면 부자가 된다고 믿었다. 아무것도 잡지 않고 멀뚱멀뚱 주위 사람들만 쳐다보는 아이에게는 무슨 예언이 나왔을까? 아마도 정신박약이라는 예언이 나왔지 싶다.

그런데 초등학교 가기 전 대여섯 살 된 아이들이 배우는 책이 왜 이렇게 어려울까. 대여섯은 커녕 5,60의 나이에도(나같은 노둔하기 짝이 없는 사내에게는) 이해하기가 힘든 말이 많다. 예를 들면

閏餘成歲 (일 년 24절기 남은 시각을 모아 윤달로 해를 이루고)
律呂調陽 (천지간의 양기는 고르게 하니 율은 양이요, 여는 음이다)
仁慈隱惻 (어진 마음으로 남을 사랑하고 측은히 여겨야 한다)
忠則盡命 (충성은 곧 목숨을 다하는 것이다)

위의 문장들은 '음', '양', '측은', '충성' 같은 추상적인 단어가 많이 포함되어서 대여섯 살 아이들은 도저히 이해할 수 없는 말들이다. 추상적인 단어를 이해하는 것은 아동의 발달단계와 매우 밀접한 관계가 있다. 또 하나의 단점은 지나친 중국 존중에 있다.

金生麗水(금은 중국 운남성 여수에서 나고), 玉出崑岡(옥은 감숙성 곤륜산에서 난다) 같이 사대주의 사상에 젖어든 것들이 너무 많다는 것이다.

이 〈천자문〉은 그 후에 다른 더 높은 수준의 책, 이를테면 〈동몽선습(童蒙先習)〉, 〈소학〉, 〈대학〉 따위를 읽기 위한 기초가 되기 때문에 이를 철저히 익혀두는 것은 말할 수 없이 중요하다. 〈천자문〉 같은 기초 공부를 대충대충하고 다음 단계로 넘어가는 것은 모래 위에 높은 건물을 짓는 것과 마찬가지다. 이명박 정권 때 그 흔했던 부실공사 꼴이 된다는 말이다.

기초를 튼튼히 한다는 것은 〈천자문〉 뿐만 아니라 모든 학문은 물론 음악이나 미술 같은 어느 장르의 예술도 마찬가지이다. 서예를 예로 들면 기초인 해서(楷書)를 익히지 않고 행서나 초서, 전서나 예서로 성급히 옮겨 뛰면 부실공사가 되기 십상이다. 학문이나 예술이 패션쇼(fashion show)는 아니다. 요새는 디자인(design)이니 미디어(media) 같은 말이 판치는 세상. 일시적인 인기를 노리는 깜짝 쇼가 많다. 서예나 회화 같은 예술에는 법고창신(法古創新)이란 말이 있다. 옛 것을 잘 익히고 나서 예술적 창작 스타일이 생겨나야 한다는 말이다. 나같은 사람은 옛것을 익히지도 못하고 늙음이 오고 말았으니 법고도 창신도 모두 망치고 말았다.

큰 미술관에 가면 반 고흐(Van Gogh, 1853-1890)나 들라크루아(F.Delacroix, 1798-1863) 같은 세기의 화가들이 그린 명화 앞에서 그들의 작품을 모사(模寫)하는 젊은 학생들이 가끔 눈에 띈다. 옛것을 잘 익히려는 노력이다. 남의 것을 보고 그대로 그렸으니 표절에 가까운 행위라고 할 수 있겠으나 모사한 그림을 자기가 창작한 것이라고 주장하지 않는 한 표절했단 말을 함부로 할 수도 없는 것으로 알고 있다. 이렇게 보면 표절과 창작과는 종이 한 장 차이다. 남의 것을 그대로 훔쳐 쓰는 것이 문학적 전통이었다는 생각이 들 정도로 남의 작품을 자기가 창작한 것인양 갖다 쓴 경우는 우리 문학사에 이루다 헤아릴 수 없으리만큼 많다. 조선조의 한시(漢詩)를 보면 한 항[行]이 꼭 같거나 글자 하나만 빼고는 다를 게 없는 시는 얼마든지 쉽게 찾을 수 있다. 특히 조선조 문필가들은 중국 작품에서 따와서 자기 것인양 쓴 경우가 많다.

〈천자문〉으로 시작한 이야기가 나도 모르는 사이에 표절까지 왔다. 표절 문제를 살펴보는 것이 이 글의 목적이 아니다. 〈천자문〉을 배우던 마지막 세대들은 80대에 들어선 늙은이가 되었고 누구집엘 가봐도 〈천자문〉을 아이들에게 가르치는 집은 눈에 띄질 않는다. 요즈음 아이들은 〈천자문〉보다는 스마트폰 아니면 로봇(robot)끼리 서로 치고 박는 전쟁놀이가 훨씬 더 유익하고 재미있는 것으로 생각하겠지.

(2015. 7.)

Chapter 2

# 인사동

# 인사동(仁寺洞)

나는 젊은 시절에는 서울을 싫어했다. 너무 복작대고 숲이 없었기 때문이다. 지금은 서울을 무척 좋아한다. 내가 학생이었을 때만 해도 한여름이면 아스팔트가 더위에 녹아 진구렁처럼 푹푹 빠질 때도 있었다. 어떤 여름날은 서울이란 대도시가 하나의 거대한 찜통이 된다. 어딜 가나 한증막―. 물론 다방에 가면 선풍기 바람이 있으니 좀 낫다고 볼 수 있으나 나같이 주머니 사정이 그다지 넉넉지 못한 사람은 거기 한 번 가 보는 것도 그리 쉬운 일이 아니다. 그러나 요즈음 서울은 옛날같이 무덥지는 않다. 설사 무덥다 해도 선풍기 따위는 비교가 안 되는 에어컨이 있질 않는가. 은행이나 고급 다방에 가면 감기가 들지 않을까 걱정될 정도로 서늘하다.

나는 서울 시내에 나갈 때는 경복궁과 인사동에 가는 것을 제일 좋아한다. 경복궁은 나와 인연이 깊은 곳. 총각 시절, 지금 나의 아내, 당시의 미스 정을 꾀어내어 맨 처음 산책을 갔던 데가 바로 경복궁. 물론 구실은 올해 국전 구경을 함께 가지 않겠느냐는 '정직한' 흉계였다. 그때 벌써 내게 바람이 들어 버린 처녀가 흉계라는 것을 알았던들 자기가 안 따라오고 배길 수 있었겠는가.

그때 경복궁 잔디 위에서 나는 미스 정에게서 배운 노래가 하나 있다. 어느 노래 책을 뒤져도 나오지 않는 〈물망초〉라는 노래의 노랫말은 다음과 같다.

물망초 꽃잎을 쳐다보면
님의 모습 어리어/ 님이여 날 기억하는지
그리운 옛날같이/ 정든 고향 멀리 있고
그리움만 짙으네/ 부디 잊지 마시오
물망초 맺은 마디

양귀비가 예쁘다 한들 1960년 가을 경복궁 잔디 위에서 내게 노래를 가르쳐 주던 미스 정(鄭)만이야 할까.

인사동은 내가 학창 시절에는 자주 들르던 곳이 아니다. 요즈음 관광객들로 붐비는 시절도 아니었으니 인사동에 갈 일도 별로 없었다. 붓글씨를 쓸 때는 관철동 동방연서회에 붓을 매서 팔러 오는 할아버지가 있었으니 거기서 서화에 필요한 도구를 거의 다 구할 수 있었기 때문이다. 골목을 나와서 종로 큰 길만 건너면 바로 인사동인데도 거기 갈 일은 별로 없었다.

인사동은 화랑의 거리. 그 작은 동네에 100개가 넘는 화랑이 다닥다닥 붙어 있다. 글씨나 그림 전시회가 열리는 화랑이 하루 평균 10개는 넘지 싶다. 삼 년 전 한국에 나갔을 때는 인사동에서 화랑 6개를 방문, 전시회를 관람한 적이 있다. 게다가 서화(書畵)에 필요한 물건, 이를 테면 법첩(法帖)이라든가 먹, 붓, 화선지, 인척(印尺) 등 모든 물건을 다 구할 수 있다. 인사동 골목길을 다니다 보면 글씨를 인연으로 알게 된 사람들과 마주치는 경우도 적지 않다.

그러나 지금의 인사동은 상업주의가 배어들었다. 퍼져도 보통 퍼진 게 아니다. 돈을 벌려는 욕심으로 인사동은 하루하루 그 윤기와 개성을 잃어 가고 있다. 덩치가 큰 건물들이 들어서고 그 큰 건물을 부채나 불상 같은 '전통적'인 관광 기념품으로 꽉 채워 넣었으니 지난날의 오밀조밀하고 멋스러운 인사동은 빠르게 없어져 간다.

인사동에 가면 생각나는 시인 두 사람이 있다. 첫째는 〈목마와 숙녀〉 〈세월이 가면〉 등의 도시적 감상주의와 보헤미안 기풍의 시를 쓴 박인환이다. 강원도 인제에서 태어나서 경성제일고보(현 경기고등학교)를 졸업하고 평양의대를 다니다가 중퇴하고 인사동 입구에서 〈마리 서사(書肆)〉라는 책방을 낸 사장님이다. 세칭 일류 고등학교와 명문 대학을 다니던 그는 가던 길을 그대로 가기만 하면 출세와 편안이 보장되는 것이 아닌가. 이 길을 버리고 시(詩)를 쓰는 서점 주인이 되었다는 것은 그가 시인이 되고픈 결심이 얼마나 굳은 것이었던가를 알 수 있다.

박인환은 저녁이면 명동에 가서 당시의 젊은 시인들과 함께 술을 마시며 문학 한담을 하는 것이 그의 일과였다고 한다. 하루는 그가 송지영, 이진섭, 가희(歌姬), 나애심, 이렇게 넷이서 술을 마시다가 즉흥적으로 읊고 옆에 있던 이진섭이 작곡하고 나애심이 처음 노래를 부른 것으로 알려진 〈세월이 가면〉은 오늘도 사람들 입에 종종 오르내린다.

> 지금 그 사람 이름은 잊었지만/ 그 눈동자 입술은/ 내 가슴에 있네/ 바람이 불고/ 비가 올 때도/ 나는 저 유리창 밖 가로등/ 그늘의 밤을 잊지 못하지/ 사랑은 가고 옛날은 남는 것/ …

두 번째 생각나는 사람은 1967년 8월 박정희 군사독재 시절 한 친구가 동백림 사건에 연루되면서 남산 정보부에 끌려가서 전기고문으로 평생 아이를 갖지 못하게 됨은 물론 정신병자가 된 불운의 시인(詩人) 천상병이다. 마산고등학교를 졸업하고 서울대학교 상과대학을 수료한 천상병 시인은 그의 아내가 경영하는 전통 찻집 〈귀천(歸天)〉 근처를 돌아다니다가 숨을 거두었다. 나는 서울에 6년 반을 살면서 인사동엔 100번은 넘게 갔었으나 〈귀천〉에는 한 번도 가질 않았다. 거길 가면 천 시인 생각이 더 날 테고, 천 시인을 생각하면 박정희 군사 정권의 분탕질과 잔학 행위가 떠올라 참기 힘든 분노를 느끼게 되기 때문이다. 나의 분노는 천 시인의 경제적 어려움을 외면하였다.

박인환이 그의 시(詩)에서 부르짖은 것처럼 삶이 그렇고 이 세상 모든 것이 있다가는 없어지고 잊혀져 버리는 것이다. 청(淸)나라 말기의 학자 유월(俞樾)의 '꽃은 떨어져도 봄은 그대로 있네(花落春仍在)'로 시작되는 시구(詩句)처럼 박인환, 천상병 두 시인은 한 송이 봄꽃이 되어 떨어져 갔다. 그래도 인사동은 아무 일 없었다는 듯이 어제도 오늘도 내일도 밤이 가고 해가 뜨면 낮을 맞는 일을 되풀이할 것이다.

(2015. 5.)

# 손목시계

내가 언제부터 손목시계를 차고 다녔는지는 생각이 나질 않는다. 아마도 중학생이 되고나서부터였지 싶다. 초등학교 때는 그 시골구석에서 어느 재벌의 아들도 아닌 내가 어디서 그런 사치품이 나서 가지고 다녔겠는가.

나는 경상북도 안동군 예안면 소재지에 있는 예안국민학교를 다니다가 4학년 때 서울 종암국민학교로 전학을 했다. 그때 70명이 넘는 큰 학급에서 무슨 시험인지는 생각나지 않으나 내가 36등을 한 기억이 난다. 나는 분하고 창피해서 기가 잔뜩 죽어 있는데, 시골에서 서울로 전학 온 지도 얼마 되지 않은 아이가 이 정도라도 한 것이 대견하다는 생각이 들었던지, 아니면 교육에 대한 무관심 때문인지 가족 중에 나를 나무라는 사람은 한 사람도 없었다.

5학년에 올라가자 6·25전쟁이 터졌다. 그해 8월 어머니와 누나, 형님과 나, 그리고 어느 친척 아저씨 부부, 이렇게 여섯이서 서울에서 안동까지 500리 길을 걸어서 갔다. 해 뜨기 전에 출발해서 해 질 무렵까지 걷고 또 걷는 고달픈 피난 길—. 모두 열흘이 걸렸다. 발이 부르튼다고 발바닥에 비누 가루를 깔던 생각이 난다.

예안국민학교를 다닐 때는 시계란 것이 필요 없는 시절. 무더운 여름, 학교에서 집으로 오다가 더우면 옷을 훌훌 벗어 던져 버리고 낙동강으로 첨벙 뛰어들면 그만이었다. 수영복이란 없었으니 그 소중한 불알 두 쪽을 다 내놓고 알몸으로 뛰어드는 것이다. 자전거는커녕 오가는 사람도 없는 신작로 길가에 앉아서 만화책을 보다가 툭툭 털고 일어서는, 그야말로 마음 내키는 대로 살던 시절. 영어로 말하면 care-free(근심 걱정 없는) 태평성대에 무슨 시계 따위가 필요할까. 음악, 미술, 어학, 태권도, 또 무슨 무슨 강습에 시간 맞추어 가야 한다고 잠시도 쉴 틈이 없이 긴장 속에 시달리는 오늘의 한국 어린이들에게는 시계란 필수품이겠지만 그 시절 나에게는 화려한 장식품에 지나지 않았다.

캐나다에 발을 디디고 사는 동안 시계는 내 생활을 통제하는 필수품 이상의 존재가 되었다. 나는 주중에는 매일 아침 8시가 되면 집을 나서서 학교로 가곤 했다. 강의가 있든 없든 하루도 학교에 빠지는 날이 없었다. 30년 개근! 이 같은 다람쥐 쳇바퀴 도는 생활을 하다가 한국에 가니 사정이 달랐다. 여유로웠다. 학교는 몸이 불편할 때는 휴강을 선언하고 집에서 쉬어도 된다. 왜 캐나다에서는 안 되고 한국에서는 될까. 심리적인 압박감 때문이리라. 내 주관적으로 느끼는 삶의 치밀도는 캐나다가 훨씬 더 컸다. 캐나다에서는 나는 머슴이라고 생각했는데 한국에서는 내가 주인이라는 생각이 들었다. 한 마디로 기(氣) 죽지 않고 살아갈 수 있다는 것이 가장 큰 차이였다.

23년 동안 봉직하던 웨스턴 온타리오대학교를 6년 앞두고 조기 은퇴를 했다. 대학에서 손목시계를 하나 선사받았다. 그런데 한국 E여대에 가 있을 때 내게 박사 논문을 지도받던 학생 하나가 학위 논문 심사에 합격, 박사가 되었다고 손목시계를 하나 선물로 주었다. 갑자기 시계 2개가 생긴 것이다. 나는 같은 물건이라도 따뜻한 마음에서 스스로 우러나서 주는 것일 때는 선물로, 암묵적으로 어떤 이익을 노리는 계산이 깔려 있다고 보일 때는 뇌물이라고 단정한다. 이 손목시계는 나의 지도로 학위 과정을 끝냈으니 나에게 고맙다는 정표로 가져온 것이기 때문에 선물이라 생각하고 받아 호주머니에 넣었다. 여간 기분이 좋고 고마운 것이 아니었다.

초(秒)를 알리는 시계 바늘이 재깍재깍 앞으로 가면 시간이 가고 밤낮이 바뀐다. 밤낮이 바뀌면 날이 가고 달이 가고 세월이 간다. 민요 〈한 오백년〉에 나오는 탄식, "세월아 가려거든 너 혼자 가지, 알뜰한 이내 청춘 왜 데려가노?"가 저절로 나온다. 〈아리랑〉의 슬픈 구절, "세월아 네월아 가지를 마라, 장안에 호걸들이 다 늙는다."도 마찬가지다. 장안의 호걸이나 나 같은 첨지(僉知)나 늙기는 매한가지—. 시계는 밤낮을 가리지 않고 바쁜 것도 한가로운 것도 없이 언제나 같은 속도로 부지런히 간다. 우리 인생도 거기에 실려 달빛에 목선 가듯이 초마다 조금씩 늙어 가는 것이다.

"너 몇 살이니?" 하고 나이를 묻는 질문은 서양에서는 "How old are you?"다. 직역을 하면, "너 얼마나 늙었니?"다. 나는 한때 이 말 대신에 멋을 잔뜩 부려 "너 지난 생일 케이크에 초가 몇 개 꽂혀 있었니?(How many candles did you have in your last birthday cake?)"라는 질문을 만들어 던지곤 했다. "너 몇 살이지?" 하는 말과 같은 말이다. 그러나 이 질문은 대답해야 하는 아이의 지능과도 밀접한 관계가 있어서 8, 9살이 되어 보이는 아이들도 대답을 않고 내 얼굴만 멀뚱멀뚱 쳐다보기만 할 때가 있어서 내가 조립한 그 질문은 불량품으로 폐기처분 되고 말았다.

내가 태어난 것이 1940년, 오늘까지 일흔다섯을 살았으니 초(秒)로 치면 2억3천6백52만 초, 시간으로는 3백9십4만2천 시간이다. 염라대왕이여 답하라. 그대 나에게 소환장을 언제 보내려는가?

(2015. 5.)

# 꽃다발 한 아름을

빛나는 졸업장을 타신 언니께/ 꽃다발을 한 아름 선사합니다.
물려받은 책으로 공부를 하여/ 우리는 언니 뒤를 따르렵니다.

위는 1945년 8·15 해방 이듬해에 탄생하여 지금도 2, 3월이 오면 나라 안에 있는 모든 초등학교 교정에서 울려 퍼지는 눈물의 〈졸업식 노래〉입니다. 모두 3절로 짜여 있는데 제1절은 재학생들이, 2절은 졸업생들이, 3절은 재학생과 졸업생들이 함께 부르도록 되어 있습니다. 제2절이 시작될 때는 강당 저쪽에서 교정을 떠난다는 서러움에 복받쳐 엉엉 소리 내어 우는 여학생들도 눈에 띄곤 했지요.

한국에서 초등학교를 다닌 사람으로 이 노래를 한 번도 불러보지 않고 졸업한 사람은 없을 것입니다. 아동문학가 윤석중이 노랫말을, 동요 작곡가 정순철이 멜로디를 붙인 이 노래는 아무리 들어도 우리 정서와는 눈곱만큼의 어긋남이나 어색함도 없고 노랫말에 티 하나 찾아볼 수 없지요. 따뜻하고 비단결같이 고운 정서가 온몸을 감싸는 것 같은 그런 아늑한 기분을 주는 노래입니다.

이와 비슷한 노래로 이원수의 노랫말에 홍난파가 곡을 붙인 〈고향의 봄〉이 있지요. 두 노래 모두 어려운 단어나 껄끄러운 표현이라고는 아예 찾아볼 수 없는 순수한 우리말, 순수한 우리 정서의 속옷이라고 생각합니다.

한국 E여자대학교에 몸담고 있을 때였습니다. 그 대학교 교육대학원 9월 학기 졸업식은 해마다 그렇듯이 매우 작은 규모로 조용하게 치러지곤 하지요. 그 대학원 졸업식에 축하의 노래를 불러 달라는 부탁이 와서 내가 건방지게 앞에 나가서 색소폰으로 초등학교에서 부르는 〈졸업식 노래〉를 불렀습니다. 그런데 생각 밖으로 반응이 좋았지요. 그 뒤로는 교육대학원 졸업식에 가면 해마다 나의 〈졸업식 노래〉 연주를 들을 수 있었습니다. 이 노래를 듣는 어른 학생들은 2,30년 전으로 거슬러 올라가서 그 노래를 부르던 어린 시절의 광경을 희미하게나마 떠올렸지 싶습니다.

그러고 보니 내가 공식적으로 이 노래를 불러 본 지가 올해로 예순다섯 해가 되네요. 빠른 세월—. 그 즈음 경상북도 안동군 예안면 소재지에 있는 예안국민학교에서 우리 반 담임을 맡았던 H선생 생각이 납니다. 내가 장난이 너무 심한 아이라서 내 장래를 걱정했던 H선생은 올해로 아흔이 가까워 옵니다. 2014년 봄, 한국에 나갔을 때 같은 반 아이, 강 건너 늘매 마을에서 같이 학교를 걸어 다니던 C와 함께 선생님을 찾아뵈었습니다. 꽃다발을 하나 준비할까 생각하다가 꽃다발보다는 먹는 것이 좋겠다 싶어 양과자 한 상자를 사 들고 갔지요. 여든 중반을 넘은 스승 앞에 일흔 중반에 있는 장난꾸러기 제자가 큰절을 올리니 문자 그대로 감개무량하였습니다.

꽃다발을 가슴에 품고만 다니다가 드릴 기회를 놓쳐 버린 사람이 하나 있습니다. 벌써 20년 전에 저 세상으로 가신 내 장모님입니다. 나는 장모님의 사랑을 이 세상 누구보다도 더 많이 받았습니다. 장모님은 내 가슴속에 영원히 살아 있는 나의 프리마 돈나(prima donna)입니다. 우리부부가 장모님 산소에 다니러 갈 때는 꽃다발을 하나 준비해 가지고 갑니다. 아무도 찾아오는 사람 없는 이 쓸쓸한 묘지에 장모님은 혼자 누워 계십니다. 묘지 주위로는 고목들이 우람한 모습으로 빙 둘러 서 있지요. 지저귀는 새 한 마리, 뛰어다니는 다람쥐 한 마리 좀처럼 눈에 띄지 않는 이 외롭고 적적한 공동묘지에 장모님 혼자 누워 계신다고 생각하니 퍽 애처로운 생각이 듭니다.

꽃다발은 그 말부터가 무척 가깝게, 밝게 다정하게 들리지요. 꽃다발은 그것을 누구에게 넘겨주는 사람이나 받는 사람 모두를 맑고 밝은 사람으로 돋보이게 하는 정서적인 힘, 돈으로는 환산할 수 없는 순정의 넋이랄까, 그 무엇이 있는 것 같습니다.

나는 꽃다발이란 낱말이 나오는 〈망향초 사랑〉이란 대중가요를 알고 있습니다. 대학에 갓 입학하여 나처럼 대구에서 서울로 유학을 온 한 반 친구 P에게서 배운 노래입니다. P는 자기 누나에게서 배웠다더군요.

꽃다발 걸어 주던 달빛 푸른 파지장(波止場)
떠나가는 가슴에 희망초 핀다
고동은 울어도 나는야 웃는다
오월 달 수평선에 꽃구름이 곱구나

꽃다발은 누구에게 줄 때나 받을 때나 모두 기분이 좋습니다. 꽃다발은 사랑이요 순정이요 다정한 속삭임입니다. 꽃다발을 한 아름 안고 가며 마주치는 사람들, 이 사람도 하나 주고 저 사람도 하나 주는 동화 같은 세상이 되었으면 좋겠습니다.

(2014. 8.)

# 대관령(大關嶺)

대관령은 대한민국 지도를 토끼 모양으로 놓고 볼 때 태백산맥의 서쪽, 즉 서울에서 동해 바닷가에 있는 도시 강릉을 거의 다 가서 있는 큰 고개를 말합니다. 여느 고개처럼 올라갔다가 내려오는 그런 고개가 아니라 월정—횡계리까지는 밋밋한 경사로 오르다가 대관령 산마루에 이르러서는 갑자기 아래로 수십 구비를 돌고 돌아 강릉에 이릅니다. 사람들 말이 모두 아흔아홉 고개라지요.

내 나이 꽃 같던 20대 중반. 강원도로 무전여행을 간답시고 대관령을 혼자 걸어 내려가서 경포대까지 간 적이 있습니다. 지금부터 50년은 지났을 어느 해 봄이었지요. 주머니에 지금 시세로 10만 원가량의 돈을 꼬깃꼬깃 꾸겨서 포켓의 가장 깊숙하고 비밀스러운 자리에 감추고 무전여행이라는 이름으로 거지꼴을 하고 강원도 땅을 이리저리 뚫고 싸다녔습니다.

걸어서 월정사 유허지(遺虛址)에 들렀다가 저녁때가 되어 개울물 소리가 들려오는 어느 농가에서 하룻밤을 빌어 묵게 되었습니다. 밤이 되어 물소리를 더 가까이 듣고 싶어서 숫제 담요를 들고 개울가로 나와서 개울 바로 옆에서 물소리를 들으며 하룻밤을 보내던 생각이 납니다. 그야말로 풍찬노숙(風餐露宿)이었지요. 이튿날 월정사를 버리고 횡계로, 횡계에서 대관령 산마루로 가서 그 전설의 아흔아홉 고개를 내려가서 강릉까지 갔습니다.

2014년 봄, 한국 여행을 계획할 때 다음 세 곳을 방문하리라 마음먹고 떠났습니다. 첫째는 나의 목표라기보다는 아내의 간절한 요청, 즉 고산(孤山) 윤선도의 해남 녹우당을 가 보는 것이었고, 둘째는 경기도 마재[馬峴]에 있는 다산(茶山) 정약용의 생가, 셋째는 내가 옛날 넘었던 대관령을 가 보는 것이었습니다. 50년 전 이 길을 내려갈 때는 냅색(knapsack) 하나 달랑 걸멘, 남루하기 짝이 없는 '거지'였으나, 이번에는 만일의 경우를 생각해서 여관비와 용돈까지 두둑하게 준비해 갔으니 그때에 비하면 분명 대갑부의 여행이지요.

횡계리까지 가서 택시로 대관령 분수령을 지나 조금 더 가니 어마어마하게 큰 돌에 '대관령 옛길'이라고 새긴 표지석이 나오고, 그 표지석 뒤로는 편안하게 앉아서 쉴 자리도 마련되어 있었습니다. 우리가 갔던 날은 구름이 온 산을 덮고 표지석 뒤에 앉으니 구름이 우리 저쪽으로 휙 지나가는 게 보였습니다. 말로 다 표현

할 수 없는 장엄하고 신비스러운 풍광이었지요.

내가 알기로는 대관령을 통해서 강릉 가는 길은 여러 개가 있습니다. 최신 길로는 대관령 밑으로 뚫린 터널(tunnel). 이 터널을 빠져나오면 바로 강릉이니 편리하긴 하나 여행하는 맛은 나지 않는 재미없는 길이지요. 두 번째 길은 터널이 뚫리기 전에 만든 고속도로, 세 번째 길은 내 청춘 시절에 걸어서 내려갔던 그 비포장 길(아스팔트길이었던가?)—. 우리 부부가 앉아 있던 곳은 대관령 옛길입니다. 강릉에서 태어나 〈홍길동전〉을 쓴 허균과 그의 형 허봉도 이 고개를 넘었을 게고 율곡(栗谷)의 어머니 신사임당도 어린 율곡의 손을 잡고 이 고개를 넘었을 것입니다. 그는 서울로 가며 대관령 마루에서 강릉 북평에 두고 온 친정어머니에 대한 애틋한 효심을 시 한 수로 남겼습니다.

늙으신 어머님을 두고
홀로 가는 이 마음
대관령 굽이굽이 돌아가는 강릉 땅
흰 구름은 저무는 산 푸름에 날아 내리네
(慈親鶴髮在臨瀛/ 白雲飛下暮山青)

바람이 없는 날씨인데도 무슨 볼일이 그렇게 급한가, 산 구름은 우리 옆을 쏜살같이 지나갑니다. 구름에 휩싸여 본 적은 있어도 구름이 내 옆을 지나가는 것을 보기는 처음입니다. 저 구름같이 휙 지나가 버린 세월—. 풋풋했던 옛 시절을 회상하니 어딘지 쓸쓸하고 애처로운 생각마저 스며들었습니다. 남들은 지나간 일을 회상하면 지금이 더 즐겁게 보인다는데 나는 남들보다 더 비관적인 인생관을 가지고 태어났는가, 지난 일을 생각하면 적막하고 쓸쓸한 생각이 들 때가 많습니다. 대관령 옛길이 시작되는 입구에서 우리는 정신 나간 사람들처럼 멍하니 주위 경치에 취하여 있다가 횡계로 돌아오고 말았습니다. 여느 때 같으면 걸어서 강릉 시내까지 가 볼 생각을 했겠지요. 아닌 게 아니라 '이게 마지막 기회일 거다.' 하는 생각이 드니 강릉까지 걸어가고 싶은 충동이 간절하였습니다. 그러나 지지지지(知止止止 : 그침을 알아서 그칠 때 그친다.)라는 말에다 내 나이 일흔넷이라는 것을 생각하니, 옆에서 내 손을 잡고 있는 아내와 함께 건강하게 살아 있다는 보배같이 행복한 순간에 만족하는 것이 좋겠다는 생각이 들어서 그냥 돌아서고 말았습니다. 여관에 돌아오니 내 대학동창 하나가 자기 아내 H여사가 지은 것이라며 내게 보내온 시가 내 심사를 더욱 고즈넉하게 만들었습니다.

역광의 노을 속에서
누가 나를 부르는가

아득한 수평선 너머
파도 소리 외로울 때

내 기억 멀고 먼 저편
엉겅퀴 꽃 손 흔든다.

(2014. 6.)

# 나의 글쓰기 내력(來歷)

내가 수필이란 이름을 단 글을 써서 내놓은 지가 올해로 거의 30년이 된다. 맨 처음 글을 쓰게 된 것은 내가 런던에 있는 웨스턴 온타리오대학교에 직장을 얻어 있을 때다. 당시 토론토에서 〈민중신문〉이라는 야당 계통의 신문을 발행하던 나의 일 년 후배요 아내에게는 일 년 선배가 되는 C씨의 요청으로 시작하게 된 것이다. "나는 정치적인 내용의 글은 안 쓴다."고 거절했더니 "정치적인 글이 아니라도 좋다."기에 용기를 내서 쓴 글이었다. 맨 처음 나간 수필의 제목은 '박사 학위'.

'박사 학위'는 어디까지나 만문(漫文)에 지나지 않는 글이었다. 그런데 이 글에 대한 독자의 반응이 좋다며 "또 써라, 또 써라." 등을 밀기에 내 허영심에 불이 붙어 마구 써대기 시작했다. 한번은 내 글이 오랫동안 나오지 않아서 그 이유를 물었더니 시사성이 있는 글이 아니기 때문이란다. 나는 서정적인 글을 고집하였다.

그러던 중 H일보 K사장을 만나서 화담 끝에 자기는 서정적인 글도 좋다고 해서 내 글을 발표하는 신문을 H일보로 옮겼다는 말이 나돌 정도로 H일보에 많이 발표를 했다. 책에 나온 내 수필 대부분이 H일보를 거친 것이다. 또한 한국 수필문학 문예지 〈수필공원〉, 지금의 〈에세이문학〉에도 내 글이 봄, 여름, 가을, 겨울 일 년에 네 번씩 실렸다.

1986년에 첫 수필집 〈남의 땅에서 키운 꿈〉으로 시작하여 지금까지 출간된 수필집은 모두 14권이다. 이들 모두가 신작 수필은 아니고 이중에서 선집(選集) 두 권이 포함되어 있다는 것도 지적해야겠다. 첫 번째 선집은 2003년, 수필집 출판을 주로 하는 〈선우미디어〉에서 선우 명 수필 시리즈를 내는데 내 수필은 〈향기가 들리는 마을〉이라는 제목을 달고 출간되었다. 두 번째는 2009년 서울에 있는 〈좋은 수필사〉에서 다섯 명의 출판위원이 한국 현대 수필가 100명을 선정하여 수필집 단행본 한 권씩 출간하는데 내 이름도 그 명단에 끼이게 되었다는 소식이 왔다. 〈그리움 산국화 되어〉가 그 선집 이름이다. 나는 서른 해 사이에 선집이 두 권 나왔다는 것은 글쓰기 이력에 큰 영광이라고 생각한다.

그리고 내가 좋아하는 또 하나의 이유는 재정적 부담이 전혀 없다는 것이다. 한국에서 수필집 출간 비용은 몇몇 저명한 수필가들을 제외하고는 필자 자신이 부담한다. 시(詩) 분야도 별로 다르지 않다. 수필집 한 권을 내면 전국적으로 200부 정도밖에 안 팔리는데 출판비까지 내주지는 못한다는 것이다. 지금까지 나의 새 수필집은 자비 출판이었으니 경제적 출혈이 매우 컸다. 그러나 선집(選集) 두 권과 시조풀이 두 권은 출판사에서 부담하였다. 이유는 책이 팔리기 때문이다. 이 정도 성적이면 그리 나쁜 성적은 아니라고 스스로 대견해한다.

즐거운 소식이 또 있다. 1998년 봄, 서울 큰누나 댁에서 빈둥대고 있을 때였다. 난데없이 전보 한 통이 와서 뜯어보니 한국 수필문학진흥회에서 내가 현대 수필 문학상을 받게 되었다는 통지였다. 나는 상(賞)이란 것을 별로 달갑게 생각하지 않았는데 이 전보를 받고 내 기분은 하늘을 날 듯 하였다. 이처럼 상이란 내가 받을 때는 미역국 한 그릇이라도 대단한 것이고 남이 받을 때는 금송아지 한 마리도 별것 아닌 것이다.

나는 수필을 어떻게 써야 한다든가 앞으로 수필문학이 가야 할 방향 같은 소위 수필의 이론적인 면이랄까, 문학적인 토의에 대해서는 별 관심이 없기 때문에 나 자신을 수필가라고 생각해 본 적은 없다. 그러나 요새는 자기 PR 시대. 수필 한두 편을 발표하고는 어느 사이에 자기 이름 뒤에 수필가라는 꼬리표를 붙이는 사람, 어디어디서 문학 강좌를 들었다고 뽐내는 사람, 자기 글이 중·고등학교 국어 교과서에 실렸다고 떠들고 다니는 사람들이 꽤 자주 눈에 띄는 세상이다. 내가 보기에는 이들은 자동차 판매원이 될 자질은 탁월할지 모르나 수필가로서의 격(格)은 크게 모자라는 사람들이라는 생각이 들었다.

나는 내 수필에 대한 날카롭고 정직한 평을 받아 보고 싶은 생각이 간절하다. 칭찬 일색으로 도배를 한 평(評)은 나를 당황하게 할 뿐 아니라 내 글의 장래를 위해서도 도움이 되는 것은 아니다. 벌써 10년이 넘었다. 한국의 원로 철학자요 수필가인 H씨가 〈한국 철학수필 평론〉이란 책을 출간한 적이 있다. 이 책에서 그는 나의 세 번째 수필집 〈흐르는 세월을 붙들고〉를 17페이지의 지면을 할애하면서 꼼꼼하게 평을 하였다. 내 수필이 "유머 수필의 개척자가 되겠다."는 칭찬도 있었고, "글의 마지막을 항상 영탄조(詠嘆調)로 엉성하게 끝낸다."는 꼬집음도 있었다. 오래간만에 시원한 평을 들어 봤다는 기분이 들었다.

그러나 한국에 있는 문인들의 생각은 달랐다. 내 글에 대한 H씨의 평이 너무 혹독했다는 것이다. 누구에게서 들었는지는 생각나지 않으나 요즈음 글 쓰는 사람들은 자기 작품에 한두 마디 부정적 평만 들어도 발끈 성을 내거나 속상해하고 어떤 사람은 작품에 대한 평을 인신공격으로 생각해서 십여 년 이어 왔던 우정 관계도 하루아침에 끊어 버린다는 말을 들은 기억이 난다.

어느 원로 수필가는 나를 보고, "남의 글을 평할 때는 무조건 '좋다, 좋다'만 할 것이고 고인의 추모사를 하는 것처럼 칭찬하는 말만 써야 한다."는 것을 잊지 말라고 충고하였다. 이것을 보면 한국에서고 어디에서고 남의 글을 평하는 풍토는 우선 칭찬 일색

이어야 한다는 것을 알 수 있다. 어딘가 잘못된 풍토임에는 틀림없다.

내 수필에 대한 냉정한 평을 받아 보고 싶다는 말을 했지마는 입학시험 발표를 기다리는 수험생 비슷한 생각이 고개를 쳐든다. 즉 시험을 치르고 합격할 것이라는 자신감은 남 보기가 민망스러울 정도로 높았지만 막상 합격자 발표날이 다가오면 혹시 떨어지지는 않을까, 은근히 걱정이 되던 그런 생각 말이다.

"이동렬의 수필이 재미없는 열 가지 이유"라도 튀어 나오는 날이면 나는 어떻게 해야 하나. 그래도 내 수필에 대한 시원한 평을 한 번 들어 봤다고 좋아할까.

(2014. 8.)

# 나의 탄로가(嘆老歌)

2014년 4월 중순, 한국 방문을 준비하고 있는데 하루는 E여대 Y교수로부터 전화 한 통이 왔다. 이번에 한국에 오면 특강을 한 번 해 달라는 부탁이었다. 내 마음으로는 무척 하고 싶었지만 사양하고 말았다. 2006년에 E대학에서 은퇴를 했으니 은퇴한 지가 올해로 8년, 그 사이에 논문 한 편은커녕 전공 서적 한 권 읽지 않고 매일 빈둥빈둥 먹고, 마시고, 놀기만 한 녀석이 뭣을 안다고. 나의 '최신' 지식이 벌써 8년은 넘은 '낡은' 지식이 아닌가. 나는 E대학교에 있을 때 학생들에게 출간된 지 5년이 지난 심리학책은 낡은 것이니 될 수 있는 대로 읽지 말라고 충고해 왔다. 내가 8년을 놀다가 지금 와서 특강을 한다는 것은 '학문에 대한 모독'이라는 안 해도 좋을 말까지 해 가며 사양하고 말았다. 그래도 학생들을 보고 싶은 욕심에서 특강 대신 인생 이야기나 해 주기로 했다.

이 '인생 이야기'를 준비하는 데 꼬박 이틀이나 걸렸다. 이런 일을 준비하면서 "내가 늙었구나." 하는 생각을 뼈저리게 느꼈다. "아는 것도 별로 없는 녀석이 왜 이렇게 잊어버린 건 많은가." 하는 생각이 든 것이다. 얼마 전까지도 척척 나오던 것이 지금은 사람 이름이고 책이고 학설 이름이고 도대체 생각이 나질 않는다.

아무리 '인생 70부터'니 '80 청춘'이니 떠들어도 70은 70, 80은 80이다. 전에는 밥 먹듯이 쉽게 생각나던 것들이 이제는 생각이 날듯 날듯하면서도 나지 않는 경우를 몇 번 당하고 나면 "내가 늙었구나." 하는 생각을 하지 않을 수가 없다. 그러니 나의 늙음은 밖에 나가서 나돌아 다닐 때의 신체적 건강을 이전과 비교하는 데서 온다기보다 사람 이름이나 책 이름 같은 것을 옛날처럼 쉽게 떠올리지 못하는 소위 기억력 감퇴에서 오는 것이다. 책을 두 번째 읽을 때는 "내가 이런 내용을 읽은 적이 있었나?" 스스로 의심이 갈 때가 많다.

늙음은 사람이 태어나서 정상적인 죽음에 이르기까지의 긴 여로에서 반드시 한 번은 넘어야 할 고개. 늙음이 왔다는 것은 죽음이 그리 멀지 않다는 예고다. 늙음을 좋아하는 사람은 없다. 믿음이 두터운 사람들 중에는 죽으면 하늘나라에 가서 영생을 누리는 축복받는 삶을 산다고 믿는 사람들도 있다. 그러나 가족 친구들도 다시 볼 수 없는 영생은 누려서 뭣을 하겠는가. 나는 죽어서 영생을 누리는 것보다는 이승에서 하루라도 더 오래 살기를 바란다. 사람들이 늙어 가는 것과 죽음을 두려워하는 정도는 사람마다 다르다. "나는 죽는 것이 겁나지 않는다."고 큰소리치는 사람은 용기가 있다기보다는 아직 젊었다는 얘기다.

조선 인조 때 선비 유몽인이 쓴 〈어우야담〉에 나온다는 이야기라는데 〈어우야담〉을 뒤져도 찾질 못했다. 여하튼 우홍적이라는 일곱 살 난 아이가 쓴 연구(聯句)가 있다. 어떤 노인이 老(늙을 로) 자와 春(봄 춘) 자를 주며 연구를 하나 지어 보라고 하니, 홍적은 "늙은이 머리 위에 내린 흰 눈은/ 봄바람 불어와도 녹지를 않네(老人頭上雪, 春風吹不消)."라고 적었다. 율곡, 다산, 김시습 같은 세기의 신동들은 그들이 열 살이 되기 전에 지은 연구(聯句)들이 있지만, 우홍적처럼 목에 칼을 들이대는 것 같은 직설적인 구절은 처음 본다. 송강(松江) 정철 같은 대 문호가 이 연구(聯句)를 봤다면 어린 홍적을 등에 업고 방을 몇 바퀴 도는 축하의 세레모니(ceremony)를 펼쳤을 것이다.

늙음에 '정면 돌파'를 외치는 소리가 점점 커져 간다. 늙음이 뭐가 잘못 됐느냐는 항의다. 일흔은 청춘의 시작이라느니 여든에 배우자를 바꾸는 '비극'은 자기 자신의 참 모습을 찾으려는 몸부림이라느니, 백 살은 살아야 사는 것같이 산 것이라느니…, 매일 내 컴퓨터에 올라오는 늙음의 기쁨을 찬양하는 순례자들의 대열은 끊이질 않는다.

언젠가 청중 대부분이 쉰 살은 넘었을 사람들의 노래자랑에 가 본 적이 있다. 무대에 선 가수가 무슨 노래를 들려줄까 청중에게 물었더니 〈내 나이가 어때서〉라는 제목의 노래를 들려 달라는 요청이 압도적이었다. 젊은 시절 같았으면 "왜 저런 제목의 노래를 청할까?" 하는 궁금증도 들었겠지만 이제 내 나이도 고희를 훌쩍 뛰어넘은 일흔넷, "늙은이들이 친로(親老) 계열 출정식을 하는구나." 생각하니 빙그레 웃음이 나왔다.

(2014. 8.)

# 팔여거사(八餘居士)

지난겨울은 유난히 눈이 많은 추운 겨울이었다. 신문에 오대호(五大湖) 중에 온타리오 호를 제외한 나머지 호수들은 모두 80% 이상이 얼어붙었다는 보도가 있었다. 날씨가 너무 춥다 보니 아침 산책은 엄두도 못 내고 사흘이나 집 안에 갇혀 있어야 했다. 그러나 유리창을 통해서 보는 바깥 경치, 특히 눈 덮인 수목원과 그 사이로 희끗희끗 보이는 산책길은 참으로 아름다운 경치. 눈 아래 험버(Humber) 강은 꽁꽁 얼어붙은 데다 그 위에 눈이 덮이니 하룻밤 사이에 강은 비단이 깔린 고속도로가 되어 버렸다. 어렸을 때 생가(生家) 앞 낙동강이 떠오른다. 날씨가 추워 강이 얼면 우리는 좋아라 강에 나가서 썰매를 타고 놀지 않았던가.

올 같은 겨울은 집에서 주는 밥이나 먹고, 책이나 읽고, 누웠다 앉았다 빈둥거리는 게 하루 일과였다. 늙은이의 노후 생활이 이만하면 만족스럽다는 생각이 들었다. 아내를 보고 웃으면서, "구태여 돈 들여가며 먼 데 갈 필요가 어디 있나, 집이 곧 천당인 걸." 했더니 말이 없다. 그러다가 "하루 세 끼를 장만해야 하는 주부 생각도 좀 해야지 자기 생각만 하는 사람이 어디 있어요." 하는 비수보다 더 앙칼진 항의가 날아들었다. 그 말도 말이 되긴 되네.

우연히 안대희 교수의 〈선비답게…〉라는 책을 읽다가 조선 중기의 명신 사재(思齋) 김종국의 이야기를 읽었다. 사재는 중종조의 명신 모재(慕齋) 김안국의 아우로 그 역시 명신이었다. 그는 기묘사화로 벼슬에서 쫓겨난 뒤에 호를 팔여거사(八餘居士)로 바꾸었다. 팔여거사란 세상에 나서지 않고 초야에 파묻혀 사는 사람이 여덟 가지가 넉넉한 것이 있다는 말이다. 어느 친구가 팔여가 무엇이냐고 물었더니 그는 다음과 같이 대답했다고 한다.

첫째, 토란국과 보리밥을 배불리 먹고, 둘째, 따뜻한 온돌에서 잠을 푹 자고, 셋째, 땅에서 솟은 맑은 샘물을 마시고, 넷째, 서가에 가득한 책을 뽑아 읽고, 다섯째, 봄철에는 꽃을, 가을철에는 달빛을 넉넉하게 감상하고, 여섯째, 새들의 지저귐과 솔바람 소리를 듣고, 일곱째, 눈 속에 핀 매화와 서리 맞은 국화 향기를 넉넉하게 맡고, 여덟째, 이 일곱 가지를 넉넉하게 즐길 수 있는 것도 복(福)이기에 팔여라고 했다 한다.

위의 팔여에는 그 어느 것도 거액의 재물이 요구되는 것은 없다. 모두 자연과 친근한 관계에서 오는 무공해 자연산들이다. 그러나 그는 벼슬살이를 할 적에는 위의 어느 것 하나도 즐길 여유가 없었다고 한다.

어떻게 사는 것이 가장 멋진 삶일까. 이 질문에 대한 답은 사람마다 다를 것이다. 그것은 그 사람이 인생을 바라보는 시각과 자기가 놓인 처지에 달린 것이다. 남들 앞에 자기를 드러내는 화려한 의상 쇼(fashion show) 같은 인생을 꿈꾸는 사람이 있는가 하면 돈이 많이 요구되는 쾌락 위주의 삶을 즐기는 사람도 있다. 나 같은 백면서생(白面書生)이야 위의 어느 것을 해 보고 싶어도 해볼 수 없는 처지다.

팔여거사 김종국이 세상을 떠난 지 500년 가까운 세월이 흘렀다. 그때와 비교해서 오늘날 우리가 사는 내용에 있어서는 별로 달라진 것이 없는 것 같다. 다만 요즈음 세상에는 소위 문명의 이기(利器)에 의존해서 즐거움을 찾는 경우가 예전보다 몇 백 배 늘었다고나 할까. 노래방에 가서 기계 반주에 맞추어 넉넉하게 노래를 부를 수 있고(반주가 사람을 맞추는 게 아니라 사람이 반주에 맞추어 노래 부르는 우스운 꼴이긴 하지만), 유람선을 타고 망망대해를 떠다니고, 극장에 가서 영화 연극을 보고, 골프장에 가서 돈을 내면 몇 시간 골프를 칠 수 있고…, 수 없이 많다. 모두 삶을 여유롭고 재미있게 하기 위해 생겨난 수단들이다.

요즈음 세상에는 우리가 소위 청복(淸福)이라 부르는 행복, 즉 재물이나 권력 같은 세속적 욕망에 얽매이지 않는 사람들이 누리는 깨끗한 즐거움은 찾아보기가 힘들다. 이런 행복은 자연에서 얻는 즐거움이 주가 되기 때문에 도시 생활에서는 이들을 넉넉하게 누리면서 살기란 매우 힘들다.

나는 벼슬을 평생 한 번도 하지 않고 살았으니 거사(居士) 자격은 훌륭하다. 문제는 팔여(八餘). 이 나라 이 도시에서 토란국과 보리밥을 먹기는 참으로 불편하고 솔바람 소리를 듣고 매화와 국화의 향기를 맡는 것도 어려우니 팔여는 커녕 일여(一餘)도 어렵다. 나도 일흔을 넘었으니 시골로 돌아가서 살 생각도 가끔 해본다. 그러나 그것은 어디까지나 실현 가능성이 극히 희박한 하나의 사치스러운 공상에 지나지 않는 것. 이미 세속(世俗)에 찌들대로 찌든 속물(俗物)이 이제 와서 새삼스럽게 팔여거사를 들먹이며 살고 싶다는 것은 도대체 무슨 망상인가.

사재가 무오사화로 벼슬에서 쫓겨나 경기도 고양 시골집에 돌아가서 살 때 이웃 마을에 사는 변호라는 선비가 위로하는 편지를 보냈다. 사재는 그에게 답장 대신 시(詩) 한 수를 써 보냈다.

> … 내 집이 좁고 누추해도/ 몸 하나는 언제나 편안하네/ … / 무료할 거라고 생각지 말게/ 진정한 즐거움은 한가한 삶에 있나니
>
> (… 我廬雖阨陋 … 眞樂在閑居)

마음을 한가롭게 갖는 데서 진정 즐거움이 온다면 그 한가로움은 우리 스물네 시간 생활 전반 어느 구석에서나 취할 수 있는

것이 아닌가. 구태여 시골에 가서 땅을 파서 우물물을 마시고 눈 속에 핀 매화를 찾아다니는 소란을 피울 필요는 없다. 망중유한(忙中有閑)—. 바쁜 중에서도 틈을 내어 한가한 짬이 있다는 말이다. 나같이 은퇴를 해서 서둘러야 할 일도 없는 사람은 한가로운 시간, 한가로운 마음이 너무 많아서 탈이 아닐까.

(2014. 3.)

# 드보르자크 교향곡

내 서재(書齋)가 만원이다. 벌써 몇 번이나 '구조 조정'을 해서 버릴 책은 다 빼냈다 싶은데도 책을 얹어 두는 시렁의 공간이 워낙 비좁다 보니 몇 달만 지나면 또 책 한 권 더 꽂을 자리도 없게 된다. '이 책은 도저히 내 손으로는 못버리겠다.'고 속으로 수없이 다짐한 책도 어느 때 가서는 퇴출당하고 만다. 그래서 나는 가끔 책시렁 앞에 서서 '더 빼낼 책은 없나?' 하고 한 권 한 권 유심히 살펴보는 버릇이 있다.

2014년 초여름이었다. 한국에서 가져온 책을 꽂으려고 책시렁을 훑어보는데 우연히 시렁 한구석에 옛날 축음기(蓄音機) 시절의 레코드판 한 장이 끼어 있는 것이 눈에 띄는 게 아닌가. 표지를 보니 〈드보르자크(Dvořak) 교향곡 4번〉이었다. 순간 내 마음은 그 옛날 풋풋하던 학창 시절, 눈 내리는 어느 겨울밤으로 거슬러 올라갔다. 그 음반에는 다음과 같은 사연이 담겨 있다.

내가 지금의 아내를 만난 것은 1960년, 나는 대학교 3학년, 아내는 나와 같은 과에 갓 입학한 병아리 신입생이었다. 신입생 서른 명 중에 여자 하나니 홍일점, 주가가 턱없이 높았다. 나는 경상도 황소고집으로 마구 몰아 붙였다. 그해 겨울 우리 둘은 당시 명동에 있던 시공관에서 열리는 KBS인가, 시립 교향악단 정기 연주회에 함께 가기로 약속을 하였다. 두 젊은이들의 구식 데이트였다. 연주곡은 드보르자크의 〈교향곡 4번〉—. 그런데 그때까지 나는 드보르자크의 〈교향곡 4번〉을 라이브 콘서트에 가서 들어본 적도, 레코드로도 들어본 적도 없는 순 맹탕이었다. 궁리 끝에 대학 도서관에 가서 ≪음악 대사전≫인가, ≪교향곡 대사전≫인가 하는 목침만 한 두께의 책을 빌려 왔다. 드보르자크의 〈교향곡 4번〉은 물론 그날 연주할 다른 작은 곡(지금 생각하니 생상스(Saint Saens)의 〈동물 사육제〉도 있었던 것 같다.) 네 곡인가 다섯 곡에 대한 해설을 찾아 달달 외워 버렸다. 그때는 내 기억력이 펄펄 날던 시절, 무엇이든 두세 번만 읽어 보면 가히 외울 수 있던 그런 왕성한 기억력을 뽐내던 시절이 아니었던가. "밥풀로 잉어 낚으려는 녀석이 이 정도 수고도 않고서야…." 하는 생각을 하며 자못 성실한 태도로 준비했다. 이 지극한 정성에 감복한 월하노인(月下老人 : 남녀의 인연을 맺어 준다는 전설의 노인)이 병아리 규수 정옥자의 사랑의 새끼줄(因緣繩)을 경상북도 안동군 예안면 부포동 역동 이동렬 도령댁 대문에 걸어 놨지 싶다.

지금과는 달리 그 시절의 연주는 한 곡이 끝나고 나서 한 1~2분 있다가 연주를 계속하던 때였다. 곡이 끝날 때마다 나는 옆에서 바들바들 떨고 있는 햇병아리에게 실로 전문성이 넘쳐나고 해박하기 짝이 없는 해설을 들려주었다. 물론 도서관 책에서 읽었던 알레그로(allegro)니 모데라토(moderato)니 하는 전문 용어도 거침없이 흘러나왔다. 그런데 내 '해설'이 다 끝났는데도 연주할 곡은 하나가 더 남아 있지 않은가. 이상하다. 분명 첫 단추를 잘못 끼었구나. 그러나 내 옆자리에 있는 햇병아리는 이 사실을 아는지 모르는지 통 말이 없었다.

드보르자크 〈교향곡 4번〉 음반을 내게 보내 준 사람은 대학 동기동창 K였다. 녀석과는 대학 1학년 때부터 〈새벽〉이라는 종합잡지를 창간, 둘이서 함께 공동 편집인으로 일했다. '사내 녀석이 이렇게 보드랍고 사근사근한 아(아이)도 있나?' 하는 의심이 들 정도로 곱고 양순한 아이였다. 나는 학교에 다닐 때 안국동 풍문여고 근처에 있는 K의 집에 가서 이틀이고 사흘이고 묵다가 집으로 돌아오곤 했다. K는 미국에 와서 어느 여의사와 결혼하여 한 쌍의 원앙새처럼 사이좋게 살더니 12년 전에 병마(病魔)로 아깝게도 목숨을 잃고 말았다. 내가 그날 미스 정과 함께 시공관에 드보르자크 교향곡 연주를 들으러 간 것을 알고 이를 잘 기억해 두었다가 우리가 캐나다에 와서 결혼을 하자 선물로 보내 준 것이다.

드보르자크의 〈교향곡 4번〉을 듣던 소녀는 앞서 말한 '드보르자크 해설의 대가'와 동거하며 아이 둘 낳고 결혼 생활 47년째로 접어들었다. 어떻게 생각하면 드보르자크 〈교향곡 4번〉 음반은 행복과 불행을 다 갖고 있는 것 같다. 행복하다는 것은 내 손에 들어온 후 밴쿠버(Vancouver)에서 넬슨(Nelson)으로, 넬슨에서 에드먼턴(Edmonton)으로, 에드먼턴에서 레드디어(Red Deer)로, 레드디어에서 런던(London)으로, 런던에서 한국으로, 한국에서 캐나다 토론토(Toronto)로 왔으니, 참으로 길고 긴 여로(旅路)에 있으면서도 우리 부부로부터 신주(神主) 모시듯 극진한 대접을 받았다는 사실이다. 불행하다면 아직까지 한 번도 우리 부부가 한자리에 같이 앉아서 그 음반을 들어본 적이 없다는 것이라 할까. 첫 단추를 잘못 낀 54년 전의 쓰라린 과거로 돌아가서 내게 무슨 이득이 있단 말인가.

(2014. 7. 8)

# 꿈

꿈이란 낱말처럼 여러 가지 의미를 가지고 있는 낱말도 그리 많지 않지 싶다. 제일 먼저 떠오르는 것은 민중서관에서 펴낸 〈국어 대사전〉에 적힌 꿈의 정의다. 두 개만 보자. 꿈 = 1. 잠자는 동안에 생시와 마찬가지로 여러 가지 현상을 느끼는 착각이나 환각. 2. 실현될 가능성이 희박하거나 전혀 없는 허무한 바람[願].

나는 사전에 적혀 있는 대로 잠자는 동안에 꿈을 많이 꾼다. 그러나 깨고 나면 한 가지도 생각나지 않는 그런 개꿈이 대부분이다. 꿈이란 꿈을 꾼 사람이 눈을 뜬 상태에서는 사회적, 도덕적으로 용인될 수 없는 의식, 무의식적 욕구나 동기적 갈등이나 불안이 사회적 제재(制裁) 없이 표현되는 것으로 보는 심리학자들이 많다. 프로이트 정신분석학을 따르면 꿈은 환자의 동기적 갈등에 대해서 알아볼 수 있는 중요한 임상적 자료라고 한다. 그러나 프로이트의 정신분석학 전체가 현대 과학적 심리학에서는 인정을 받지 못하다 보니 덩달아 그의 화려한 꿈 해석도 현대 심리학에서는 찬밥 신세를 면치 못하고 있다. 그러니 요즈음 꿈을 정신분석학 테두리 안에서 임상적으로 이용하는 심리 치료사는 드물다.

소년기 때의 희망과 포부를 가리키는 의미로서의 꿈은 나에게는 퍽 적었던 것 같다. 여름날, 예안읍에 있는 학교에서 집으로 돌아오다가 청고개마루에 앉아서 하늘에 떠가는 비행기를 보며 무슨 꿈을 꾸었을까. 아마도 "저 비행기 안에 사람이 탔다지. 나도 커서 비행기를 한 번 타 봤으면…." 하는 게 고작 내 꿈이었을 게다. 대학이라는 교육 기관이 있다는 것도 잘 모르는 녀석이 어찌 큰 꿈을 꿀 수 있겠는가. 서울에서 학교에 다니던 둘째 형님이 방학이 되어 내려와서 아버님과 대학 가는 이야기를 옆에서 듣고 공부 많이 하는 곳으로 대학이란 데가 있다는 것을 알았다.

〈이동렬 시조 이야기〉 원고를 쓰다 보니, 〈꿈에 보는 님이…〉, 〈꿈에 다니는 길이…〉, 〈꿈에라도 좋으니 자주 오소서〉 같은 꿈을 갖다 대는 시조가 꽤 여럿 나왔다. 백주(白洲) 이명한 같은 남자가 꿈을 시조에 적은 이도 있지마는 꿈을 노래한 시조의 대부분은 여성 쪽, 흔히 많은 남자를 상대하는 기녀 직에 있던 여성이 그리워하는 남성에게 보내는 사랑의 연서였다. 소월의 스승 안서(岸曙) 김억이 황진이의 한시(漢詩)를 우리말로 옮기고 김성태가 곡을 붙인 "꿈길밖에 길이 없어 꿈길로 가니, 그 님은 나를 따라 길 떠나셨네.…" 같은 연심(戀心)을 담은 노래는 억만 정인(情人)

들의 가슴을 울리게 하지 않았는가.

집 떠난 사람이 꿈을 빌려 두고 온 처자식과 매화꽃 피던 고향집을 그리워한 우선(藕船) 이상적의 〈꿈[車中記夢]〉이 있다.

초구 두른 말뚝 잠, … 어렴풋 돌아온 꿈
고향이어라 … 눈 갠 냇가 집엔 아무도 없고
문을 지켜 학으로 선 매화 한 그루.
(坐擁貂裘小睡溫 … 一樹梅花鶴守門)

이상적은 추사(秋史)를 사숙하는 역관(譯官) 출신 시인. 동지사(冬至使)를 따라 수레에 실려 북경으로 가면서 그 포근한 맛에 깜박 잠이 들어 꿈을 꾸었다. 우선은 북경에서 많은 책을 조선에 가져와 제주도에서 귀양살이를 하고 있는 스승에게 책을 여러 번 보내 드렸다. 이에 감복한 추사는 답례로 〈세한도(歲寒圖)〉를 그려서 우리 우정 변치 말자며 우선에게 보냈다. 집 주위에 소나무 몇 그루를 까칠까칠한 붓으로 그린 듯한 이 그림은 오늘날 한국 문인화의 빼어난 작품으로 인정받고 있다.

나는 어려서부터 꿈이 많은 아이는 아니었다. 그저 실컷 먹고 마시고 노는 그야말로 행복한 돼지였지 생각하는 소크라테스는 아니었다. 크게 출세한 사람들 중에 자기는 어릴 때부터 큰 꿈을 가졌노라고 주장하는 사람들이 가끔 눈에 띈다. 대통령을 지낸 김영삼 씨는 자기는 중학교 때부터 '미래의 대통령 김영삼'이라는 아홉 글자를 써서 책상 위에 세워 두었다고 한다. 언젠가 임상심리 교과서를 들춰 보니 조울증(manic-depressive) 환자 중에 이같이 턱없이 높은 꿈을 떠들고 다니는 사람이 있다고 적혀 있었다. 그 당시 내가 김영삼 씨와 같은 학년으로 이 말을 들었다면 "간뗑이가 부어 오른 미친 놈"으로 웃어넘기고 말았을 것이다.

나는 중학교 때 배우던 Standard 영어 교과서 맨 처음에 나오는 "Boys, be ambitious(소년들이여, 야망을 가져라.)."라는 문장에도 아무런 일깨움을 얻지 못한 핏기 없는 소년이었다. 큰 꿈이라고는 없었던 나는 고등학교에 가서야 "나도 커서 대학에서 가르쳐 봤으면…." 하는 생각을 해 봤다. 이것도 꿈이라면 꿈이겠지. 그래서 대학을 졸업했을 때 아버님 모교에 영어 교사로 가 보라는 것도 거절하고 말았다.

세월, 즉 천도의 순환은 꿈이 과연 꿈으로 끝났는지 아닌지를 잘 가려 준다. 백묵을 놓고 무위도식한 지가 어느덧 14년. 이제 나는 꿈이고 뭐고 다 지나갔다. 언젠가 가깝게 지내던 K씨가 요새 어떻게 지내느냐고 묻기에 나는 "희망도 없고 그렇다고 절망도 없습니다. 꿈도 없고, 실망도 없고, 눈물도 없고, 웃음도 없고, 기쁨도 없고, 슬픔도 없고— 오욕칠정(五欲七情)이 강 저쪽으로 건너간 무사무념(無思無念)의 생활입니다. 그저 건강하게 살려고만 발버둥치지요." 하고 마치 사설시조를 외우듯 길고 지루한 대답을 했다.

제법 근사한 대답을 했다고 생각했는데 집에 돌아와서 생각하니, 이 세상에 식물인간이 된 사람을 빼고 이렇게 사는 사람은 없을 것이라는 생각이 들자 또 헛말을 했구나, 피식 웃음이 나왔다.

(2014. 7.)

# 박수갈채

사람으로 태어나서 일생에 박수갈채를 한번도 받아보지 못한 사람이 있을까. 또한 애당초 박수받기를 싫어하는 사람이 있을까. 박수에는 찬성이나 지지한다는 의미가 배어 있기 때문에 정상적인 환경에서 자란 사람이면 박수갈채를 싫어할 사람은 없지 싶다.

인류 역사에서 언제부터 손뼉을 치기 시작했을까. 나는 모른다. 내 생각으로 박수갈채는 어느 인간 사회에서나 공통적으로 나타나는 현상이지 싶다. 우리 인생에서 '잘했다'와 '잘못했다'의 구별이 있는 한 이를 구별하기 위한 수단으로 박수갈채는 있기 마련이 아니겠는가.

박수갈채는 인정(認定)의 욕구와 직결되어 있다. 사람은 누구나 남으로부터 인정을 받으려고 몸부림을 친다. 일상생활에서 이쪽에 붙었다가 어느새 저쪽으로 옮겨 붙는, 소위 기회주의자라거나 간사한 사람으로 불리는 사람들을 살펴보면 그 밑바닥에는 끝없는 인정의 욕구가 깔려 있다는 것을 쉽사리 알 수 있다.

남으로부터 칭찬을 듣고 싶거나 인정을 받고 싶은 것은 어린아이 때만 그런 것은 아니다. 어른이 되고 나서, 아니 호호백발 할아버지 할머니가 되어서도 칭찬을 듣고 싶어 하는 욕구에는 큰 변화가 없다. "칭찬은 고래도 춤추게 한다."는 말이 있지 않은가.

박수갈채가 박수를 치는 사람의 입장에서 보면 아부나 아첨하려는 의도에서 출발한 것일 때도 있다. 그러나 대부분 박수를 받는 사람은 그 순간만은 인정의 노예가 되어 버린다. 한없이 어리석고 우매한 인정(認定)의 노예가 되어 버린 그는 그 박수의 진의(眞意)에 대하여 알아보려고 하지 않는다. 나도 이런 유(類)의 거짓 박수를 쳐 본 적도 있고 받아 본 적도 있다. 박수를 거짓으로 쳤을 때 박수를 받는 사람이 턱없이 좋아하는 것을 보면 내 기분도 덩달아 좋아지니 내게도 떡고물이 전혀 떨어지지 않는 것은 아니다.

우리나라 반만년 역사를 통틀어 민족의 박수갈채를 받아야 할 사람은 누구일까. 사람마다 의견이 다르겠으나, 나는 한글을 만들어 펴낸 세종대왕을 맨 첫 번째로 꼽는다. 우리 민족 모두에게 자기 의사를 표현하고 생각할 도구를 준 어른이 세종대왕 말고 또 누가 있는가. 두 번째로는 잃어버릴 위기에 놓인 나라를 구한 임진왜란의 영웅 이순신 장군을, 세 번째로는 우리 민족에 가장 창의적인 살 길을 제시하며 많은 실사구시(實事求是) 학문적 업적을 남긴 다산(茶山) 정약용을 꼽는다.

토론토 한인회관에 가 보면 입구에 애국자들 초상화가 여럿 걸려 있다. 도산 안창호, 백범 김구를 비롯해서 안중근, 윤봉길 의사 등이 있고, 앞으로 유관순을 비롯한 다른 애국지사의 초상화도 걸릴 것이라고 한다. 모두가 일본에 항거해서 싸운 투사들이다. 나는 '애국자'하면 적과 대항해서 싸운 사람이어야 한다는 고정관념에서 벗어나질 못하는 것을 몹시 안타깝게 생각한다. 세종대왕이나 장영실, 정다산이나 지석영 같이 창의적이고 생산적인 일에 막대한 공헌을 한 사람들은 왜 애국자로 생각하지 않을까.

박수갈채에 누구보다도 민감한 사람은 대중가요 가수를 비롯해서 성악가, 연극인, 무용가, 운동선수 등 대중 앞에 서는 것을 직업으로 하는 사람들일 게다. 이들의 생존은 거의 전적으로 관중의 박수갈채에 달려 있지 싶다. 박수갈채가 없는 공연 예술이나 운동경기를 상상하기란 퍽 어렵다.

박수갈채를 받고 싶어서 안 해도 좋을 행동을 할 때가 종종 있다. 남이 한 것을 자기가 했다고 끌어 대든가, 여럿이 함께 한 일을 저 혼자서 했다고 주장하는 것은 남의 박수갈채를 갈망하는 마음이 너무 지나치다 보니 그렇게 된 것이다. 사람은 누구나 "동지섣달 꽃 본 듯이 날 좀 보소"의 무드(mood)에 사로잡혀 살기를 바라는 것이다.

나는 직업이 선생이다 보니 박수를 받아 볼 기회는 무척 적다.

강단에 선다는 것은 박수갈채 따위의 천박한(?) 인기와 영합해서는 안된다는 말인가. 강의가 끝났을 때 박수 같은 것은 없다. 박수갈채가 그리워서 그럴까, 대학교에서 백묵을 쥐고 있는 선생 중에는 마음은 딴 데 가 있어서 틈만 있으면 일반 대중의 박수갈채를 받기 위해 강단을 버리고 밖으로 뛰쳐나가려는 사람들이 많다. 대학 강단이 무슨 소도(蘇塗 : 삼한 시대에 천신을 제사 지내던 성지)인가, 박수 소리가 멎으면 이들은 철새처럼 또다시 강단으로 슬며시 돌아오는 것이다.

(2014. 8.)

# 어느 문호의 개성

서양 예술가들은 어떤지 잘 모르겠으나 조선 화단(畵壇)이나 문단(文壇)에서 큰 발자취를 남긴 사람들 중에는 남과 뚜렷하게 구별되는 성격 특성이 있는 것 같다. 이들 성격적 특성이란 예술이나 문학에서 대성한 사람들 모두에게서 찾아볼 수 있다기보다는 그들 중 몇몇 소수에서만 나타나는 현상이니 이런 성격 특성이 예술가들의 보편적 특성이라든가 대성에 반드시 필요한 특성이라고는 말할 수 없다.

조선 화단에서는 호생관(毫生館) 최북, 오원(吾園) 장승업, 문학에서 고산(孤山) 윤선도, 〈홍길동전〉 소설을 쓴 교산(蛟山) 허균 같은 사람은 어느 모로 보나 독특한 개성을 가졌다고 보는 데는 무리가 없지 싶다. 독특한 개성을 가진 예술가들이 어찌 위의 네 사람뿐이겠는가. 오늘 내가 이야기하고 싶은 사람은 조선 중기의 문호 송강(松江) 정철이다.

송강은 어릴 때 그의 누나가 인종의 귀인(貴人)이었고, 둘째 누나 역시 왕족 계림군의 부인이었기 때문에 궁중에 수시로 드나들며 경원대군(후일 명종)의 소꿉놀이 친구가 되는 행운을 누렸다. 일찍이 고봉(高峰) 기대승, 하서(河西) 김인후 같은 호남의 거유(巨儒)들에게서 가르침을 받았고, 커서는 고산(孤山) 윤선도, 노계(蘆溪) 박인로와 더불어 조선 삼대 시조 작가로 사람들 입에 오르내릴 정도로 대성하였다. 단가에 고산이라면 장가에는 송강이다. 우리가 고등학교 고문 시간에 힘들게 배웠던 〈관동별곡〉, 〈사미인곡〉 같은 가사를 위시하여 장진주사, 훈민가 같은 단가 등 헤아리기 어려울 만큼 많은 작품을 남겼다.

그는 성질이 강직한데다가 꼬장꼬장하여 융통성이라고는 찾아볼 수 없고 남과 타협할 줄 모르는, 어떻게 보면 주위 사람들이 쉽사리 호감을 가지기 어려운 타입의 성격이었다. 강직한데다가 시비 가리기를 좋아하여 임금 앞에서도 상대방을 너무 몰아세우는 버릇 때문에 그에게는 항상 적이 많았다. 이렇게 까슬까슬하고 타협을 모르는 외골수는 시인이나 예술가, 문장가는 몰라도 정치가가 될 사람은 못 된다. 그의 문장은 머뭇거리는 기색이 없이 성큼성큼 떼어 놓는 큰 걸음, 쾌속선을 타고 호수 위를 날아가듯 내빼는 시원함과 호쾌함이 있다.

송강은 술과 여자를 너무 좋아했다. 동갑내기 친구 율곡(栗谷)은 여러 번 이에 대해서 충고했으며, 임금은 그를 호색과 과음으로 귀양까지 보낸 적이 있다. 그가 얼마나 특이한 개성을 가진 시인이었던가는 다음 시조에서 잘 나타난다. 평안도 강계에 갔을 때 진옥이라는 기생과 술자리에 앉은 적이 있는데, 그때 두 사람이 다음과 같은 시를 주고받았다.

송강 : 옥이 옥이라커늘 번옥(燔玉)만 여겼더니
이제 보아하니 진옥(眞玉)이 분명하다
내게 살 송곳 있으니 뚫어 볼까 하노라

진옥 : 철이 철이라커늘 섭철(鍱鐵)만 여겼더니
이제 보아하니 정철(正鐵)이 분명하다
내게 골풀무 있으니 녹여 볼까 하노라

번옥이니 섭철이니 하는 말은 가짜 옥, 가짜 철이란 말이다. 진옥의 시에 송강이 답한 것이라 하나 일개 미천한 기녀가 누구 앞이라고 감히 먼저 이런 시를 써 보냈겠는가. 그래서 송강을 먼저 적었다. 살 송곳 있다고 자랑하는 송강이나 골풀무 있다고 녹여 보겠다는 진옥이나 우열을 가리기 힘들다. 당대의 명신(名臣)이요 지체 높은 어른이 이렇게 노골적으로 육욕(肉慾)이 끓어오르는 메시지를 일개 기녀와 주고받았다는 것은 상상을 뛰어넘는 호방한 기상, 그야말로 파격적인 용기다. 시조를 주고받는 순간만큼은 우의정 정송강, 문필가 정송강이 아니요 그냥 사나이 정철이다.

젊었을 때 자기를 진사(進士)라고 소개한 정철은 강원도 고성에 가서 그 고을 군수와 술을 질탕하게 마시고 어느 기생과 잠자리에 든 적이 있다. 이튿날, 떠나기 전 송강은 그 기녀에게 "내 10년 후면 감사가 되어 그대를 찾아오리다."고 호언을 했다. 진사밖에 안 되는 자가 터무니없이 높은 벼슬자리를 마구 끌어대는 송강이 얄미운 생각이 든 기녀는, "귀한 감사보다는 얻기 쉬운 찰방(察訪)이 어때요?" 하고 쏴붙였다. 네까짓 게 감사는 무슨 감사냐는 말이다. 10년이 지나 송강이 강원도 관찰사가 되어 그곳을 들렀더니, 그 기녀가 거기에 그대로 있는 게 아닌가. 그러나 10년 세월에 기녀의 귀밑머리는 희끗희끗해지고 얼굴도 많이 망가진 것을 본 송강은 세월 무상의 감회에 젖어 시 한 수를 읊었다.

십 년 전의 약속이 감사냐 찰방이었는데
비록 내 말이 맞기는 했으나
모두가 귀밑털이 반백으로 세었네

이런 시를 짓는 순간이 바로 풍류객 송강이 가슴속에 묻어 두었던 시심(詩心)이 넘쳐 흘러나오는 순간, 시인 정송강이 되는 순간이다. 큰 예술가에게는 자기 주위를 살피지 않는 이 정도의 충동이랄까 집념이 있어야 한다.

동인(東人)들은 그의 숙적이었다. 그는 수많은 동인들을 죽였으며 동인들도 그를 증오했다. 동인 때문에 송강은 벼슬에서 네 번 인가 탄핵을 받아 고향 창평으로 돌아가곤 했다. 그러나 그는 근본적으로 권력을 놓치지 않으려고 발버둥을 친 정치가였다. 윤고산처럼 유유자적, 자연을 벗삼아 노래 부르기보다는 벼슬에 대한 끝없는 욕망과 한(恨)에 사로잡혀 있었다. 이런 이유로 그의 문학을 아첨 문학이라고 부르는 사람들이 많다. 그의 명예욕은 그가 지은 가사 곳곳에 나타난다. 모략, 중상, 음모가 판을 치는 당파싸움 소용돌이 속에 어떻게 그가 연꽃같이 청순하고 지고한 시심(詩心)을 간직할 수 있었을까. 나는 모른다. 아마 송강 자신도 모를 것이다.

그가 죽고 그의 제자 석주(石洲) 권필은 송강의 묘를 지나며 시한 수를 읊었다.

> 쓸쓸한 산에는 낙엽만 우수수 떨어지니/ 멋진 풍류도 적막하기만 하다/ 술 한 잔 나눌 수 없는 이 슬픔/ 옛적의 노랫소리 들리는 듯 하구나
>
> (空山落木雨蕭蕭 … 昔年歌曲卽今朝)

송강은 가고 그의 무덤 앞에 절하던 제자 권필도 갔다. 이제

동인(東人)도 없고 서인도 없는 세상, 그러나 그의 문학은 반천년이 지난 오늘도 그 향기는 변함이 없다. (2014. 8.)

# 추억의 소야곡

오늘은 양력으로 6월 2일, 음력으로는 4월 16일이다. 바로 어제가 보름. 먼 거리 여행을 다녀온 피곤이 풀리지 않아 일찌감치 잠자리에 들었다.

자정이 조금 지나서 화장실을 가느라 깨어 보니 와! 휘영청 밝은 달빛이 내 침실을 가득 메우고 있는 것이 아닌가. 베드에 눕기 전 달빛이 잠든 내 얼굴을 비춰 주겠지 하는 바람으로 커튼을 가장자리로 밀어 붙여 놓은 것이 적중한 것이다. 조명(照明) 기능을 전등에 빼앗겨 버리고 이제는 관상용(觀賞用) 신세로 전락해 버린 가엾은 처지의 달. 그러나 오늘 같은 맑은 밤하늘에 높이 떠서 고고한 빛을 내뿜는 달을 보니 나는 무색하리만큼 연약하고 감상적인 시인이 되어 식탁 앞에 앉아서 우두커니 창밖을 내다보고 있다.

무엇보다도 달은 우리에게 지난 일, 옛 사람을 되살려 준다.

오늘 같은 달밤에는 가고 이 세상에 없는 가족이나 친구, 스승들의 얼굴이 주마등처럼 언뜻언뜻 지나간다.

대학교에 갓 입학하고 나서였다. 기타(guitar)를 배우려고 춘천 가는 성동 기차역 맞은편에 있는 어느 허름한 기타 강습소를 몇 주 다닌 적이 있다. 달이 무척 밝은 어느 날, 저녁을 먹고 그 강습소엘 갔더니 50대 늙수그레한 아저씨 한 분이 기타를 배우는 데는 별 흥미가 없는 듯 혼자 기타를 퉁기며 한 가지 노래만 수십 번 되풀이하여 부르는 것이 눈에 띄었다. 들어보니 한산도 작사, 백영호 작곡의 〈추억의 소야곡〉이었다.

다시 한 번 그 얼굴이 보고 싶어라
몸부림치며 울며 떠난 사람아
저 달이 밝혀 주는 이 창가에서
이 밤도 너를 찾는 이 밤도 너를 찾는
노래 부른다

호기심이 발동한 나는 아저씨에게 "왜 그렇게 한 가지 노래만 부르세요?"하고 물어보았다. 그 아저씨의 쓸쓸한 대답, "십여 년 전에 국민(초등)학교 5학년에 다니던 외동아들을 병으로 잃어버렸는데 그 녀석 생각이 나서 이렇게 노래를 부르지요." "부모가 돌아가시면 청산에 묻고, 자식이 죽으면 가슴에 묻는다."고 했던가, 기타 강습소의 그 아저씨는 잃어버린 지 십 년이 넘는 아들을 잊지 못해서 노래를 부르고, 나는 그로부터 57년 세월이 흐른 지금 이 순간에 그때 노래 부르던 아저씨의 모습을 떠올리고 있는 것이다. 말할 것도 없이 지금 저기서 외로운 빛을 내뿜고 있는 저 달님 덕택이다.

대중가요란 이처럼 풀뿌리 백성들의 기쁨과 설움을 그때그때 노래로 표현할 수 있는 것이다. 예술가곡을 좋아하는 사람들 중에는 대중가요는 예술이 아닌 것으로 뒤로 따돌리려는 사람들이 자주 눈에 띈다. 나는 그들에게 우리 삶의 애절한 슬픔과 가슴 벅찬 기쁨을 표현하는 대중가요가 예술이 아니라면 과연 무엇이 예술인지 물어보고 싶다.

비행기에서 창문 밖으로 펼쳐진 구름바다를 내려다보고 있노라면 세상살이 모든 것이 좁쌀알만큼 작고 하찮은 것으로 보이는 것처럼 오늘 같은 달밤에는 사는 데서 생기는 일의 이해득실을 따져 보는 것조차 부질없는 일. 그저 2,30년 전 일이 여기 조금 저기 조금 편린(片鱗)으로 다가서는 것이다.

중학교 때였는지 고등학교 때였는지 잘 생각나지 않으나 국어 시간에 민세(民世) 안재홍의 수필 〈목련화 그늘에서〉를 배우던 생각이 난다. "목련은 남국의 소산이다, …"로 시작되어 "승당(僧堂)에 그늘 들었으니 잠이나 잘까."로 끝을 맺는 명문장이었다. 내 어린 마음에도 민세의 수필이 대장부의 호연지기를 엿볼 수 있는 것 같아 그의 글을 몹시 좋아하였다.

오욕칠정(五欲七情)이 청아한 달빛 속에 녹아서 하나의 거룩한 이념인 양 아름다운 정서가 넘쳐나는 이 외로운 밤에는 누구나 시인이 된 기분을 가질 수 있지 않을까. 고개를 들어보니 가만히 한자리에 서 있는 줄로 알았던 달도 어느 사이에 하늘 저쪽으로 가 버렸다. 오늘은 나도 민세를 흉내 내 보자. 원고 쓰던 펜을 밀어두고 잠자리에나 들어가자.

(2015. 6. 2)

Chapter 3

# 눈[雪]오는 밤의 소야곡

# 생각나는 선생님들

내게 '선생님'이라는 단어는 '안동' '예안' '낙동강' '청량산' '부포' '늘매' '청고개' 같은 내 정감이 듬뿍 배인 단어들과 매우 가까운 거리에 있다. '선생님'하면 내가 다니던 예안초등학교 시절 H선생님이 제일 먼저 생각난다. 초등학교 5학년 때 우리 반 담임 H선생은 키도 크고 성격도 무척 온화한데다가 보기 드문 미남이었다.

'선생님'이란 단어는 내게 외경심(畏敬心)을 불러 일으킨다. 꾸중을 많이 들었기 때문에 그렇지 싶다. 한번은 이런 일이 있었다. 한국엘 갔다가 H선생님을 뵈었다. 초등학교를 졸업하고 처음 뵙는 것이니 30년 넘은 만남이었다. 어느 초라한 한식집 비좁은 방에서 넙죽 절을 올렸더니 선생님은 나를 물끄러미 보시더니, "인간 될 것 같지 않던 아가(아이가) 교수가 되어 왔네." 하시며 내 손을 덥석 잡는 게 아닌가. 교수는 다 인간스러운 줄로 잘못 알고 계시는 것이 안타까웠지만 나는 좋게 보고 하시는 말씀 같아서 우선은 기분이 좋았다. 30년이 지나도 내 이름을 잊지 않으신다는 게 신기하기도 하고 고마운 생각도 들었다. 이런 일은 서울 같은 대도시에선 상상할 수도 없는 일이 아닌가.

그러나 몇 십 년 만에 만나는 자리에서 하시는 말씀이 너무 하다 싶어 무슨 말씀을 그렇게 하시느냐고 했더니, 내가 장난이 너무 심해서 좋은 아가(아이가) 되기는 틀렸다고 생각했다는 것이다. 그러면서 하시는 말씀이 하루는 교실 안을 들여다보니, 내가 반 아이들에게 머리를 수그리고 있으라 하고는 책상 위를 미친놈처럼 뛰어다니더라는 것이다. 맹세컨대 나는 그런 장난을 친 기억이 없다. CCTV도 없으니 진상 규명은 퍽 어렵게 되었다.

초등학교 때 선생님들이 무서웠으나 그들의 사랑을 받으려는 욕심은 무척 컸다. 어떤 선생님이 내게 잔심부름이라도 시킬라치면 나는 던진 정구공을 물고 오는 바둑이처럼 좋아라 신이 나서 달려가곤 했다. 중학교 때는 김일성대학 출신으로 국어를 가르치던 소설가 S선생이 있었다. 문장에 무척 까다롭고 엄격해서 학생들이 무서워했다.

내가 보기에 그때 벌써 인생의 중반은 훨씬 지났겠구나 싶은 한문을 가르치던 K선생도 생각난다. 내 생가(生家) 역동에 오셔서 하룻밤 사랑방에 묵으시며 아버님과 밤늦도록 이야기를 나누시던 생각이 난다. 은근히 아들의 한문 실력을 자랑하고 싶었던 아버님께서 나를 부르시면 나는 K선생 앞에서 '공연'을 하였다.

공연 내용은 ≪소학(小學)≫의 맨 첫 구절을 외우는 것이었다. 일곱 살에 ≪대학(大學)≫까지 끝낸 다산(茶山) 정약용 같은 천재도 있는데, 중학교에 다니는 늦둥이가 ≪소학≫ 첫 구절을 외우는 게 뭐 그리 대단한가. 그러나 아버님은 자식 자랑을 하고 싶었던 모양이다. 평소에는 "뭘 좀 안다고 너무 나대지 마라."고 훈계하시던 아버님은 그날은 달랐다.

대학 시절 선생님으로는 Y선생이 제일 자주 생각난다. 내가 3학년 때 학장이셨던 Y선생은 행동거지가 무척 개결(介潔)스럽고 단정한 어른이었다. 내가 지금의 아내요 같은 과 2년 후배인 정옥자와 연인 사이로 지내는 것이 못마땅했던지 하루는 미스 정 양(孃), 아니 미래 나의 사모님을 학장실에 불러 앉혀 놓고는, "자네는 그래 사람이 없어 그 깡패 같은 녀석하고 같이 다니나?" 하고 꾸짖더라는 것이다.

그러나 Y선생님이 깜깜 모르고 있던 사실은 안동의 이도령을 사모하는 서울 정춘향의 송죽(松竹) 같은 절개—. 만약 정 양(孃)이 그 점에서 약간의 문제라도 있거나 Y학장이 도시 출신 멋쟁이 건달을 하나 소개해 주는 날이면 난 그날로 끝장, 오늘까지 장가도 못가고 독신으로 있을지 모른다.

"그 깡패 같은 녀석" 뒤에는 다음과 같은 두 사건이 있다. 첫 번째 사건은 대학 3학년 때 뒷동산에서 모닥불을 피우는 놀이를 계획했는데 대학의 허락이 있어야 한다는 것이다. 학장실에 가서 말씀을 드렸더니 거기에 불을 피워서는 안 된다는 것. 어리석게도 나는 왜 안 되느냐고 물었다. 역시 대답은 "No." 학장실을 나오면서 "우리는 불을 피우고 말 낍니더." 하는 엄청난 항명(抗命) 메시지를 던지고 나왔다. 내가 그리 대가 세거나 배짱 두둑한 반항아가 아닌데 그날은 왜 그런 말을 하며 학장실을 나왔을까, 나도 모른다. 세월은 흘러 그 깡패가 일흔네 살이 되던 해에 전공 분야인 상담심리에서는 세계에서 상담 과정에 대한 연구를 가장 많이 한 20명의 석학 반열에 올랐고, 전공 밖은 13권의 책을 냈다는 것을 알면 그때 병아리 같이 귀여운 두 연인의 애정산맥을 훼방하려는 심술을 부린 것을 두고두고 후회했을 것이다.

두 번째 사건은 한복(韓服) 때문이다. 대학교 때 나는 가끔 한복을 입고 다녔다. 그런데 Y교수가 느닷없이 "여기가 어디 자네 안방인 줄 아나?" 하면서 호통을 치는 것이 아닌가. 조선 정조 때 '영남 만인소(萬人疏)'를 두 번이나 올렸던 영남 사림(士林) 후손의 프라이드를 여지없이 짓밟아 버린 Y선생. 그러나 그는 모든 일을 투명하고 품격있는 행동을 강조하여 많은 학생들의 사랑과 존경을 받았다. 왜 한복을 입고 학교에 가서는 안 되는지 아직까지도 나는 모른다. 작고하신 지가 20년이 넘었으니 물어볼 길도 없다.

초등학교 때는 온화한 선생님이 좋았다. 너그럽고 부드럽고, 엄마 아빠처럼 우리를 돌봐 주는 선생님이 단연 기억에 남는다. 그러나 대학에 들어와서는 인품보다는 전공 실력과 강직한 개성이 있는(특히 사회 전반에 비평적이고 반항적인) 선생님을 더 좋아했다. 대학교 3학년 때 박정희가 주동이 된 5·16 군사혁명이 일어났다. 그때 대학 분위기는 어수선하여 수업을 하는 둥 마는 둥 시간만 허비하고 있을 때 전교생들이 강당에 모여 C교수의 강연을 들을 기회가 있었다. C교수는 그의 비판적 기질로 이름이 난 분이었다. 강연의 대부분은 잊어버렸으나 "민주주의 사회에선 진보나 발전은 있어도 혁명은 있을 수 없다."고 한 말은 아직도 분명히 남아 있다. 선생님으로서 올바른 생각과 태도를 길러 주는 것은 다른 어떤 지식을 가르쳐 주는 것보다 더 값진 것이다.

(2014. 3.)

# 눈[雪]오는 밤의 소야곡

이 세상에 눈[雪]을 싫어하는 사람은 그리 많지는 않을 것이다. 눈[雪]이 오면 기분이 좋다. 눈[雪]은 대낮에 와도 좋고 한밤중에 소리 없이 소복소복 쌓여도 좋다. 이튿날이 공휴일이면 더더욱 좋고. 젊었을 때 함박눈이 내리는 아침이면 주중, 주말 관계없이 데이트를 약속하기 위해서 연인들 전화통에 불이 난다. 고등학교 몇 학년 때인지는 모르겠으나 국어 시간에 배운 김진섭의 수필 〈백설부(白雪賦)〉가 생각난다. 그러나 그때는 늘 그랬듯이 대학 입학시험을 준비하는 수험생 입장에서 읽은 것이라 아무래도 글의 아름다움은 별로 느낄 수 없었다. 마치 맛있는 음식도 약(藥)이라면 그 맛의 절반은 달아나 버리는 것처럼—. 〈백설부〉도 그랬다.

눈[雪]은 아이들이 부르는 동요의 노랫말을 쓰는 동시인의 마음처럼 심성이 곱고 맑다. 나는 어릴 적부터 눈[雪]을 좋아했다. 내 생가 역동 집 주위로는 운동장 2,3배 크기의 솔밭이 빙 둘러 있었다. 사랑마루에 앉아서 낙동강 물줄기가 보이지 않으면 자손에게 복이 온다는 어느 풍수의 말을 듣고 강을 가리기 위해서 소나무를 심었다고 한다. 150년 가까운 세월이 흐르는 동안 소나무들은 아름드리 고목이 되었다. 그러나 풍수가 예언한 그 자손복은 그림자도 어른거리지 않았다.

어느 겨울이었던가, 아침에 일어나 보니 밤새 눈이 쏟아져 소나무들은 그 무게를 이기지 못하고 많은 가지가 부러지거나 휘어져 있었다. 그야말로 어머님 18번 애송 시조의 정경(情景) 그대로였다.

송림에 눈이 오니 가지마다 꽃이로다
한 가지 꺾어 내어 님 계신 데 보내고져
님께서 보신 후에야 녹아진들 어떠리

16살 어린 나이에 4살 아래 소년에게 시집 와서 출가외인(出嫁外人), 그때까지 친정 한 번 안 가 본 어머님이 소나무 가지를 보내고 싶은 님이 있을 턱이 없을 텐데 어찌하여 이런 '외설스런' 노래를 좋아하게 되었을까.

눈[雪]은 비처럼 마구 내리 퍼부어 집이고 사람, 가축을 휩쓸어 가는 그런 횡포는 좀처럼 부리지 않는다. 그 행동이 무척 온화하고 부드럽다. 우리 식구가 23년간 살던 온타리오 주 런던에는 눈

[雪]이 퍽 많은 곳. 워낙 눈[雪]을 좋아하다 보니 그 눈[雪] 구덩이 속에서 겨울을 23번을 보냈는데도 아직도 눈[雪]이 오면 좋다.

눈[雪]은 정숙한 숙녀다. 밝고 깨끗하고 포근한 정서가 온몸을 감싼다. 내게 눈[雪]은 마음의 때밀이—. 물로 치면 아침이슬이요, 음악으로 치면 동요(童謠)다. 눈[雪]에 대한 생각은 나만 이런 것은 아닌 것 같다. 내 서가에 꽂혀 있는 한국 세광 음악출판사에서 펴낸 동요집을 보니 눈[雪]에 관한 동요가 모두 29곡이나 실려 있었다.

지난밤에는 1시가 조금 넘어 잠이 깼다. 방 안이 유난히 환하다는 느낌이 들어서 커튼 사이로 창밖을 내다보니 세상에! 온 천지가 하얗게 되어서 바로 앞 건물도 잘 보이지 않았다. 와, 눈[雪]이다. 잠은 확 달아나고 나 혼자 우두커니 앉아 있으려니 어느새 아내도 잠을 깨서 살며시 내 곁에 앉아 있지 않는가. 기분이 좋아서 냉장고 속 깊이 숨겨 놓다시피 한 포도주 한 병을 꺼내서 한 잔씩 마셨다. 속으로 "내 정서가 아직은 죽어서 말라붙은 나무는 아니구나." 하는 생각이 드니 키드득 웃음이 나왔다.

아무리 "아직은 죽은 나무가 아니야." "마음은 펄펄 뛰는 활어(活魚)"를 외쳐대도 이제는 눈이 오면 옛날 같은 행동은 할 수가 없다. 하릴없이 거리를 쏘다닌다든가 다방에 가서 커피 잔을 앞에 놓고 담배를 피우던 시절은 지나갔다. 더구나 캐나다 같은 '메마른' 사회에서 이런 짓을 하기는 더더욱 어렵다. 그러니 나 같은 늙은이에게 남은 길은 젊은 시절로 돌아가는 회억뿐이다.

헤아려 보니 지금부터 꼭 55년 전 일. 1960년 겨울, 명동에 있던 국립극장에서 서울 시립교향악단 정기 연주회가 있었다. 드보르자크(Dvořak) 4번 교향곡인지 뭔지를 연주한다고 해서 대학 같은 과 2년 후배인 미스 정을 꾀어내어 함께 갔다. 공연이 끝나고 밖을 나오니 주먹만 한 크기의 함박눈이 펄펄 날리고 있었다. 미스 정과 함께 종로로 나와서 창경원 앞을 지나 삼선교까지 그 먼 눈길을 걸었다. 그날은 미스 정과는 두 번째 만남. 같은 과 2년 선배되는 남학생이라는 사실 말고는 나에 대해서 아는 것이 별로 없는데도 늦은 밤길에 선뜻 나를 따라나서는 이 간 큰 처녀를 보니 낙동강에서 물고기만 잡고 놀던 이 시골뜨기가 어찌 놀라지 않을 수 있으랴. 그러나 대박은 분명 대박. 내가 던진 낚싯밥에 잉어가 걸렸구나 생각하니 미스 정을 등에 업고 청량리까지라도 뛰어갈 만큼 온몸에 기운이 용솟음쳤다. 그때 눈[雪] 속을 함께 걸었던 미스 정과 나는 부부의 인연을 맺어 유학을 온 이듬해 1967년 봄에 결혼하였다. 미스 정은 올해로 일흔세 살의 바스러질 대로 바스러진 노파. 그렇게 봄 미나리처럼 연하고 야들야들하던 사람이 지금은 철 지난 질경이처럼 질기고 억세어졌다. 애당초 내가 속은 것은 아닐까. 눈[雪]은 나의 지난날이요 나의 청춘, 푸른 꿈이다.

(2015. 2.)

# 가짜

지난 4월, 캐나다의 수도 오타와 한인회에서 강연 청탁이 있어서 그 도시에 가서 하루를 묵고 이튿날 돌아왔다. '정신 건강'에 대해서 얘기해 달라는 부탁이었다. 강연을 시작하기 전에 나를 초청해 줘서 진심으로 고맙다는 얘기를 했다. 은퇴를 하고 집에만 갇혀 있다시피 하니 오라는 데도 없고 가라는 데도 없는 적막강산—. 하도 오래간만에 청중 앞에 서니 말도 잘 안 나왔다.

교사나 변호사, 성직자는 입을 놀려 생계를 유지해 가는 사람들이다. 그러나 관(棺) 뚜껑에 못을 박는 날까지는 부지런히 입을 놀려야 사는 보람을 느끼는 직업이다. 대중 앞에서 강연을 한다는 것은 일반적으로 10정도를 알면 5정도의 실력을 발휘하는 것이라기보다는, 5정도 아는데 10정도의 실력이나 되는 것처럼 허풍을 떨고 아는 척하기 마련이다. 그래도 청중은 모르고 넘어가기가 십중팔구. 전라남도 광산이 낳은 전설적인 명창 임방울이 한창 날리던 시절의 이야기다. 그를 모시고 다니던 제자요 역시 명창 강도근의 보고. 한번은 공연이 끝나고 청중의 우레 같은 박수와 환호가 터지자 임방울은 "병신들, 내 목소리가 넘어간 줄도 모르고…." 하며 그의 눈에 눈물이 고이더라는 것. 그 일이 있은 후 그는 목소리를 다시 일으켜 세워야 한다며 삼 년 동안은 한 번도 무대에 서지 않았다는 것이다.

엉터리가 되는 길은 분야에 따라 다르다고 할 수 있겠으나 일반적으로 마음만 먹으면 그다지 어려운 것은 아닐 것 같다. 예로, 내가 한 이삼일 동안 거북이 그림을 그려 가며 화학 공부를 했다 하자. 흑판에 원소기호를 마구 적어 가며 떠들면 화학을 전공한 전문가가 볼 때는 "저 녀석이 엉터리구나." 대번에 판별을 하겠지만 나머지 청중들은 "화학도 아는 실력 있는 강사"로 높이 평가하지 않겠는가.

선입견이 판정에 미치는 영향을 알아보기 위해서 어떤 심리학자는 심리학자들과 정신과 의사들을 대상으로 다음과 같은 실험을 했다. 콧수염에다 인물 잘 생기고, 말솜씨가 뛰어난 어느 건달을 수(數) 철학 교수로 소개하여 이 엉터리 교수가 30분 동안 즉석에서 꾸며 낸 부호를 써가며 엉터리 강의를 했다. 강의가 끝나고 시행된 강사 평가에서 의외로 많은 청중들이 "강의가 퍽 흥미롭고 많이 배웠다."고 답했으며, 강사가 "실력이 대단한 사람"으로 평가됐다는 것이다. 이걸 보면 대중을 속여 가며 먹고 사는 교수,

스님, 목사, 화가, 문필가, 변호사 등 엉터리와 가짜가 생겨나기 마련인 것 같다.

엉터리의 가장 재미있는 예는 내가 한국 E여자대학교에 있을 때 일어났다. 신문 보도에 의하면 비엔나에 있는 어느 실내악단이 서울 예술의 전당에서 초청 공연을 하였다. 그런데 그들의 연주에서 자꾸만 불협화음이 튀어 나오기에 어느 청중 한 사람이 뒷조사를 했더니 그들은 비엔나에서 이름이 알려진 악단이 아니고 길거리에서 연주하는 거리의 악사들이라는 것이 밝혀졌다. 그런데 그 이튿날 권위 있다는 어느 음악 평론가가 신문에 평을 쓰기를, "어젯밤에는 비엔나 음악의 정수를 맛보았다."고 썼다. 이 음악 평론가가 엉터리라는 사실도 만천하에 드러난 것이다. 몰론 거리의 악사라고 해서 음악의 정수를 못 낸다는 법은 없지만—.

엉터리 행세를 하기가 가장 쉬운 분야는 어느 분야일까. 내 생각으로는 교육학, 심리학, 종교학, 철학, 정치학, 사회학 등 이 분야에서 쓰는 말이 일반 사람들이 쓰는 말과 비슷한 분야에서는 엉터리 행세를 하기가 특히 쉬운 것 같다. 엉터리가 가장 많은 분야는 성직자가 으뜸. 종교 분야는 아는 사람과 모르는 사람, 훈련을 받은 사람과 받지 않은 사람 간에 쉽사리 구별이 가질 않는다. 이런 분야에서는 마음만 먹으면 엉터리 행세를 하기가 쉽다.

나는 젊은 시절에 의도적으로 엉터리요 가짜의 주인공이 된 적이 있다. 지금부터 30년 전쯤 가짜 목사증을 하나 구입한 것이다. 그러나 이 가짜 목사증으로 목회를 한 번도 한 적이 없고, 목사로서 행세를 한 적은 친구들 앞에서 장난삼아 해 본 것 말고는 없다. 이 목사증으로 한 번도 이익을 추구한 적이 없음은 물론 사람들에게 믿으라는 권유도 한 적이 없다. 교회 간판도 내 건 적이 없었고, 교회를 창립하려는 어떤 움직임도 없었다. 그러니 가짜치고는 무척 '양심적'인 모범 가짜 목사라고 할 수 있겠다.

가짜인지 엉터리인지, 아니면 둘 다인지 판결해 주는 재판소라도 있으면 나도 한번 가 보고 싶다. 아마도 먹고 살기 위해서 이런 짓을 한 것도 아니고 순전히 재미로 그 구렁이 알 같은 돈을 낭비한 데다가 성직자의 거룩한 이름까지 더럽혔으니 죄질(罪質)이 나빠서 가짜에다 엉터리라는 언도가 내리고야 말 것 같다. 그러나 시국은 바야흐로 너무나 많은 가짜와 엉터리들이 득실거리는 세상—. 나를 잡아 가둘 감옥도 초만원일 테고 또 내 나이가 74세의 고령임을 참작해서 훈계 방면쯤으로 그치지 않을까.

(2014. 10.)

# 사람은 가고 노래만 남아

누가 나보고 타고난 능력이랄까 적성이 없는 분야 셋만 들라면 나는 주저 없이 운동, 미술, 음악 순서로 꼽겠다. 나는 초등학교 때부터 대학에 다닐 때까지 운동은 학급 대표는 물론 분단 대표로도 나가 본 적이 없는, 늘 앉은 자리만 지키는 '망부석 도사'였다. 미술도 별로 다를 것은 없다. 초등학교 때 잘된 미술 작품은 교실 뒷벽에 붙이는데 한 번도 내 작품이 붙여져 본 적이 없다.

음악은 어려서부터 음악이 금지된 집안에서 자랐기 때문에 커서도 뽕짝밖에는 아는 게 없다. 색소폰을 배우느라 연습을 할 때마다 '내가 보기 드문 박자치(拍子痴)로구나.'는 사실을 뼈저리게 느꼈다. 고등학교 때는 합창반에 들어가고 싶었으나 자신이 없어서 스스로 포기해 버렸다. 그러나 노래를 배우고 싶은 열망은 있었던지 대학교에 다닐 때는 나운영 교수한테 가서 배웠다. 그것도 내가 주동이 되어 간 것이 아니라 친구 몇이서 간다기에 나도 따라나선 것뿐이다. 그 소중한 기회를 일 년을 채 못 채우고 그만두고 말았다. 그러나 "서당 개 삼 년에 풍월을 읊고 부엌 개 삼 년에 라면을 끓인다."는 우스갯소리가 있듯이 나도 하면 언젠가는 물리가 터지겠지 하는 믿음 하나로 어지간히 오랜 세월 동안 꾸준히 색소폰을 배웠다.

2014년 10월에는 토론토로 이사 온 후로 세 번째 색소폰 음악회를 가졌다. 음악회는 나와 파트너 M교수가 반반씩 나누어 독주, 혹은 이중주를 하는 그런 전형적인 프로그램. 주위에 취미로 노래를 부르는 몇몇 애호가들이 우정 출연을 해 주었고, 한국에서 어느 큰 방송국 관현악단 단장으로 이름을 날리던 H형도 우리들의 지도 선생 자격으로 무대에 서 주었다. 나는 내 실력은 생각지도 않고 내가 H씨 제자라는 것만 떠벌리고 다니는 그런 문하생.

2014년 음악회도 어느 큰 교회를 빌려 자못 '성대하게' 벌였다. 연주곡들은 그야말로 '꿀꿀이 죽'이랄까 '해물 잡탕'. 샹송(Chanson)과 한국 가곡에다가 대중가요, 그것도 6,70년이나 묵은 뽕짝 등 우리가 잘 아는 노래만 긁어모아 놨으니 마치 우리 음악의 여명기 시절에 〈봉선화〉 같은 예술가곡과 〈황성 옛터〉 같은 대중가요 사이에 구별이 없었던 것과 마찬가지 꼴이 되었다. 그런데 어쩌랴, 우리 능력이 거기까지인 것을—. 그러나 강당을 가득 메운 청중들은 나와 M교수에게는 격려의 박수를, H형에게는 감탄과 찬사의 박수를 아낌없이 보내 주었다.

H형은 1940년대의 가수 장세정의 〈고향초〉를 불렀다.

남쪽 나라 바다 멀리 물새가 날으면/ 뒷동산에 동백꽃도 곱게 피었네/ 뽕을 따던 아가씨들 서울로 가고/ 정든 사람 정든 고향 잊었단 말인가.

가뜩이나 슬픔을 머금고 있는 단조의 노래를 H형은 애처로움에 눈물이 고이는 연주를 했다.

그 이튿날, 음악회에 참석하기 위해서 오타와에서 부군와 함께 온 C여사와 N호텔 뷔페에서 아침 식사를 할 때였다. C여사는 자리에 앉자마자 전날 밤 음악회 얘기를 꺼내면서 H씨가 〈고향초〉를  연주할 때에는 울음이 터져 나오는 것을 참느라 애를 먹었다고 했다. 1947년에 〈고향초〉를 처음 레코드에 취입한 가수 장세정이 바로 그의 큰언니라는 것. 삼 남매가 서로 너무나 다정하게 지냈기 때문에 좋은 일, 궂은 일만 있으면 큰언니 생각이 난다는 것이다.

큰언니 장세정은 6·25 동란으로 모든 것을 잃어 버린 데다가 그녀의 인기곡 대부분마저 월북 작가의 작품이라고 금지곡으로 되어서 자기 노래를 부르는 가수도 없었다. 게다가 지병인 고혈압에 시달리던 언니는 아들이 사는 미국으로 이주하였다. 1978년 10월 14일, 그녀의 노래를 아쉬워하던 재미 한국인들은 뜻을 모아

'장세정 은퇴 공연'을 개최하여 일세를 풍미한 명가수의 말년을 장식해 주었다 한다. 2003년인가, 장세정은 만리타국에서 세상을 하직하는 눈을 감았다. 큰언니의 대표작 〈고향초〉는 자기 결혼식 때 언니 생각을 하면서 동생들이 함께 불렀다는 것이다.

나는 가수 장세정과 관련해서 생각만 해도 가슴이 멍해지는 감격적인 장면을 하나 간직하고 있다. 지금부터 30년 전이던가, 한국의 '가요무대'가 재미 교포 위문 공연을 로스앤젤레스에서 연 적이 있다. 그날, 장세정은 거동도 불편한 몸으로 동료 가수 〈눈물 젖은 두만강〉의 김정구가 밀어 주는 환자용 바퀴 달린 수레를 타고 나와 청중에게 인사를 하던 감격적이요 두 눈 적시는 것을 본 장면이다. 일세를 풍미하던 명가수가 세월의 무게를 이기지 못하여 내려앉은 것을 보니 무척 애처로웠다.

사람은 사람이 만든 노래를 부르며 흥겨워하고 슬퍼하고 즐거워하고 애처로워한다. 그러나 제아무리 흥겨운 노래를 불러도 그 노래를 부르는 사람도 듣는 사람도 대부분이 100년을 넘기지 못하고 저 세상으로 간다. 그러나 노래는 남아서 또 다음 세대를 맞는다. 사람은 늙어도 노래는 늙지 않는다는 말인가.

(2014. 10.)

# 정향만리(情香萬里)

꽃의 향기는 천 리를 가고 정(情)의 훈기는 만 리를 간다
(花香千里行 情香萬里薰)

위의 시구는 십여 년 전 한국에서 수필가 김시헌 선생이 내게 보낸 편지에 쓰신 것으로 참 멋있는 구절이다 싶어 적어 두었던 것이다. 김시헌 선생은 수필계의 원로로 가을이면 청머루 다래가 무르익는 내 고향 태산준령 안동 고을에서 자란 어른. 무뚝뚝하게 보일 정도로 말수가 적고 조용하신 분이다.

그런데 정이 만 리를 가도 훈기를 잃지 않는 것은 좋으나, 우리는 정을 너무 소중히 여긴 나머지 정의 '노예'가 되어 정(情)이 생활 구석구석에서 우리를 짓누르고 있어도 우리는 별 구속감을 느끼지 못하고 있는 것 같다. 우리는 정을 주고받는 데서 삶의 의미를 찾는다. 우리는 정 때문에 웃고 정 때문에 운다. 정 때문에

미워하고 정 때문에 서러워한다.

정이란 사람뿐 아니라 우리가 자주 얼굴을 대하는 물건, 산이나 강 같은 자연이나 고양이 같은 동물에서도 정을 느낄 수 있다. 정(情)은 일방통행로로 갈 때가 많다. 우리가 초등학교를 졸업할 때 불렀던 〈졸업식 노래〉제2절은 "잘 있거라, 아우들아 정든 교실아, 선생님 저희들은 물러갑니다.…"로 시작되지 않는가. 머리를 맞대고 공부하다가 장난치고, 싸움박질하고, 공부 시간이면 꾸벅꾸벅 졸던 그 7×8m 공간을 이제 떠나야 한다고 울먹이는 순정(純情)! 지금 이 노래를 흥얼거려 보는 이 순간에도 강물에 실려 간 63년 세월이 까닭 모를 설움이 되어 가슴을 치고 올라오는 그 어떤 감정의 응어리를 느낄 수 있다.

정을 가장 정직하게 느낄 수 있는 경우는 서로가 헤어질 때다. 시조시인 이호우 님의 〈이향사(離鄕詞)〉를 보자.

이미 반평생을 날로 하듯 겪은 설움
이러니저러니 해도 무던히 치렀건만
가야 할 북녘 하늘은 몹시 추워 보인다

선영 모신 산도 이미 멀리 돌아지고
산협을 울어 예는 귀 익은 시냇 소리
모르고 살아온 그 정(情) 빙 눈물이 돌구나

인정은 이리도 설은데 산하는 그냥 그 모양
봄이 오면 집집이 또 꽃은 피려니
내 가고 남은 날엔 인연 아니 지으리

함께 있을 때는 깨닫지 못하다가 헤어지는 순간이 되면 눈물이 고이는 것은 정이 가진 매력이다.

정의 앞뒤에는 항상 그리움이 따른다. 대중 가수 송대관의 〈정 때문에〉에는 다음과 같은 노래 사연이 실려 있다.

정 주고 떠난 사람 그리워서 울긴 왜 울어
추억을 뿌려 놓은 당신이기에 …
그까짓 것 미련이야 버리면 그만인 것을
끈끈한 정 때문에 정 때문에
괴로워 혼자 울고 있어요.

정이란 나와 부대낌으로 생겨난 과거가 남긴 마음의 찌꺼기. 그러니 사람이건 동물, 자연 그 무엇이건 오랜 세월에 걸쳐 서로 부대끼다 보면 정이 생기기 마련이다. 그렇기 때문에 고운 정 말고도 미운 정(情)도 있는 것이다.

전국에 흩어져 있는 〈아리랑〉을 모아 한 권의 책으로 펴낸 김연갑 님의 ≪아리랑≫을 보면 우리가 얼마나 정에 매달려 사는 사람들인가를 금방 알 수 있다. 다섯 수만 살펴보자.

가는 데 쪽쪽 정 들여 놓고서
이별 잦고 잦아서 나는 못 살겠네

울타리에 앉은 새는 바람 불어 염려요
당신하고 나하고는 정 떨어질까 염렬세

서울의 종로 네거리 솥 때우는 아저씨
우리들의 정 떨어진 것은 왜 못 때워 주나

친구는 남이련만 왜 이다지 다정하냐
한 시라도 못 보면 그리워서 나 못 살겠네

눈물로 사귄 정은 오래 가지만
금전으로 사귄 정은 잠시 잠깐이라네

정은 그리움이요 으스름 달밤. 정(情)은 어떤 논리로 무장된 창(槍)으로 찔러도 상처받지 않는 끈질김과 끈끈함이 있다. 연약해 보이나 강한 것이 정이다.

새해가 온다고 야단들이다. 카드나 전화로 안부 묻기에 바쁘다.

서로의 정을 확인하는 수단이다. 그것도 옛날처럼 안부 사연을 손으로 쓰는 게 아니라 몇 초에 몇 만 리를 간다는 컴퓨터 메시지로 보낸다. 그래도 정은 말이 없다. 김시헌 선생의 편지에 만 리를 가도 그 훈기를 잃지 않는 것이 정이라고 말하지 않았던가. 만 리를 가도 그 훈기를 잃어버리지 않을 뿐 아니라 만 년 세월이 흘러도 정은 변하지 않지 싶다.

(2014.)

# L씨의 전자우편

벌써 몇 주가 지났습니다. 하루는 자기 자신을 내 글의 독자 한 사람이라고 소개한 L씨로부터 긴 전자 메일 한 통을 받았습니다. L씨의 편지는 내가 〈부동산 캐나다〉에 연재하고 있는 〈옛시조 이야기〉에서 두 개의 오류를 범했다는 것을 지적하는 편지였습니다. 그러니 이 글은 내가 L씨에게 보내는 공개 답장이라고도 볼 수 있겠습니다.

첫 번째 오류는 조선 중기의 무신 유포(柳浦) 구인후가 지은 다음의 시조 한 수와 관련된 것입니다.

어전에 실언하고 특명으로 내치시니
이 몸이 갈 데 없어 서호를 찾아가니
밤중만 닻 드는 소리에 연군성(戀君誠)이 새로워라

나는 이 시조의 풀이를 이렇게 했습니다.

"임금님 앞에서 실언을 하고 물러가라고 내치시니, 이 몸이 갈 데가 없어 서호(西湖)로 갔다. 밤중에 닻 드는 소리를 들으니 임금님 그리워하는 마음이 더 새로워지는구나."

L씨의 주장으로 서호는 어디까지나 호수라는 것, 그것도 한국에 있는 것이 아니고 중국에 있는 것이니 내가 틀렸다는 것입니다. L씨는 조선 시대에는 한강을 다섯 개의 강(한강, 마포, 용산, 지호, 서호)으로 나눠 부르던 사실을 모르는 것 같습니다. 사실 이 시조에서는 한강의 서호를 끌어 대기보다는 그냥 '자연'이란 말로 대치하는 것이 더 좋은 풀이가 됩니다.

다음 설명에서 곧 밝혀지겠지만, 여기서 서호는 내가 애당초 해석한 대로 한강의 서호로 봐도 좋고, L씨 말마따나 중국에 있는 서호로 봐도 좋고 실제로는 존재하지 않고 상상으로만 존재하는 서호로 봐도 좋습니다. '서호'가 나오는 시조가 이것 말고도 몇 수 더 있다는 것은 서호=강호(江湖)=자연으로 연상하는 시인들이 많다는 말이지요. 남포=이별과 마찬가지입니다.

≪한시 미학 산책≫이라는 좋은 책을 펴낸 정민 교수를 따르면 옛날 시(詩)에서는 저명한 문필가, 이를테면 도연명 같은 사람이 한번 특정 지명을 그의 글에 올리면 후세 문인들도 그와 비슷한 문학적 정취를 느낄 때는 그 선배 문인이 썼던 그 장소를 따라 올리는 버릇이 있다고 합니다. 예로, 고려 때 시인 정지상의 〈송

인(送人)〉을 들 수 있지요.

비 개인 긴 방축 풀빛 고운데
남포에서 님 보내는 슬픈 노래여!
대동강 물이야 언제 마르리
해마다 이별 눈물 보태지는걸.
(雨歇長堤草色多 … 別淚年年添綠波)

중요한 것은 위의 시에서 둘째 줄 "남포에서 님 보내는…"입니다. 정 교수를 따르면 중국의 굴원이 일찍이 이별의 장소로 남포를 노래한 후로는 많은 후세 시인들은 실제로 헤어지는 포구가 동포든, 서포, 남포, 북포든 남포=이별의 장소로 노래했다는 것입니다. 그러니 갈 데가 없어 서호로 갔다는 서호가 이 세상 어디에 있건, 실제로 존재하지 않는 곳이라 하더라도 아무런 상관이 없다는 말이지요. 서호=자연으로 보십시오.

두 번째 오류는 제주도에서 군량미를 실어 왔다고 적은 '오류'입니다. L씨의 주장으로는 먹을 것도 없는 제주도에서 군량미를 가져올 양식이 어디에 있겠느냐는 말입니다. 나도 이 주장에 반론을 펼 근거는 별로 없습니다. 그런데 문제는 내가 어디에서 그런 이야기를 적었는지 도무지 기억이 나질 않는다는 말입니다. 만일 했다면 충무공의 ≪난중일기≫, ≪임진장초≫, 아니면 유성룡의

≪징비록≫ 어디에서 읽은 것을 인용했겠지요. 위의 책 세 권을 앞에 두고 하루 종일 뒤졌으나 성공을 못했습니다. 내가 그런 구절을 인용했다면 며칠만 더 찾아보면 그 구절을 찾아낼 자신이 있습니다. 그러나 그걸 찾으려고 그 많은 시간을 할애할 가치가 있느냐는 의문에 이르러 '아니오'라는 대답이 나오자 그만 포기하고 말았습니다. 이번에 '공비 토벌' 하듯이 찾으려고 안달하지 말고 마음을 느긋하게 먹고 찾으면 찾고 못 찾아도 그만이다 생각하면 찾을 날이 있겠지요.

좌우간 나는 L씨가 내 글을 읽고 전자우편을 보내 준 것에 무척 놀라고 고마웠습니다. 누가 맞고 틀렸다는 차원을 떠나서 이런 편지를 받을 때는 누군가 내가 쓴 글을 꼼꼼히 읽는다는 사실이 무척 흐뭇하고, 내가 쓴 글에 내가 책임을 져야겠다는 다짐을 새로이 합니다. 어떤 장르(genre)의 문학이고 예술이건 간에 예술가로서 완벽(excellence)을 지향하는 마당에서는 동료들과 접촉이 필수적이라는 것이 나의 오래된 지론입니다.

좌우간 L씨 덕분에 충무공의 ≪난중일기≫와 ≪임진장초≫는 물론, 서애의 ≪징비록≫도 수 십 번 읽었다는 느낌이 들 정도로 하루 종일 뒤졌습니다. 나의 〈옛시조 이야기〉가 몇 회 남지 않았는데 이런 편지를 받을 기회가 또 한 번 온다면 얼마나 화려하고 흥분된 시조 이야기의 끝마침이 되겠습니까.

(2014. 8.)

# 뇌물

자기의 이익을 얻기 위해서 남에게 재물이나 금은보화 같은 뇌물을 몰래 주는 행위는 인간 사회에서 사유 재산의 차이가 커지면서 더 노골적으로 퍼지게 된 것이지 싶다. ≪삼국지≫ 같은 소설을 보면 조조나 유비 같은 영웅들이 특정 인물을 매수하기 위해서 막대한 금은보화를 뇌물로 주는 이야기가 수없이 많이 나온다. 뇌물은 주로 금은보화, 벼슬자리, 아니면 얼굴이 잘생긴 여자나 남자를 이용하는 것이 대부분이다. 사람에 따라 뇌물에 매수되는 용이도(容易度)도 다르다. 당해 보질 않아서 잘 모르겠으나 나 같은 위인에게는 금은보화나 지위보다는 미인계가 더 효험이 크지 싶다.

선물과 뇌물을 구별하는 것은 생각보다는 어렵다. 일반적으로 선물은 그 덩치가 비교적 작은 반면 뇌물은 그 덩치가 크다. 예로 5불짜리 식권을 뇌물로 생각하기보다는 자동차 한 대를 뇌물로 생각하기가 훨씬 쉽다. 뇌물은 그것을 주는 사람의 의향에 달려 있다. 그러니 같은 물건이라도 주는 이의 이권을 얻어 낼 의도라면 굴비 한 마리도 뇌물이 될 수가 있다. 따지고 보면 선물도 궁극에 가서는 상대의 환심을 사기 위한 것으로 볼 수 있으니 일종의 뇌물이 아닌가.

선물은 정(情)에서 오고 뇌물은 이해득실 계산에서 온다. 선물은 어느 정도 공개적이나 뇌물은 은밀하게 주는 경우가 대부분이다. 선물은 일반적으로 우리네 같은 소시민들이 주고받는 행사요, 뇌물은 큰 기업체나 공공 기관의 묵직한 자리에 눌러앉은 사람들이 은밀하게 주고받는 행사일 경우가 많다. 선물을 많이 받는 사람은 남의 사랑을 많이 받는 사람, 덕을 많이 베푼 사람일 확률이 크나, 뇌물을 많이 받는 사람은 더러운 사람으로 낙인이 찍혀 귓속말에 오르내릴 확률이 크다.

나도 한국에 잠시 나가 있을 때 뇌물을 받아 본 적이 있다. 선물이라며 내놓은 케이크(cake) 바닥에 현금이 두둑하게 깔렸으니 뇌물이 아니겠는가. 점수를 후하게 주어 자기의 진급에 말썽이 없도록 해 달라는 요지의 시그널(signal). 아내는 그 돈을 신문지에 싸고 또 싸서 목침 두께보다 더 크게 된 덩치를 조교를 시켜 바로 그 이튿날 본인에게 돌려보냈다. 케이크는 이웃이기 때문에 주는 선물이라는 말에 입이 귀에서 귀까지 찢어진 옆집 아주머니에게 두 집의 우호증진을 약속하는 선물로 보냈다. 나의 케이크 선물도 알고 보면 서로 잘 지내자는 내가 바치는 '뇌물'이다.

우리 부부는 사회생활을 오래 해 보지 못하고 20대 청춘에 한국을 떠났기 때문에 뇌물을 받아 본 적도 없고 누구에게 줘 본 적도 없다. '뇌물이 보통으로 받아들여지는' 한국에 살았더라면 케이크와 현금은 별 소동 없이 조용히 처리되었을지도 모른다. 우리가 뇌물을 거절한 것은 우리의 심보가 깨끗해서가 아니라 우리를 에워싸고 있는 사회 분위기가 그렇게 만든 것이다. 많은 뇌물을 긁어모으다가 영창 신세를 진 사람들도 애당초 그들이 뇌물 받기를 좋아해서가 아니라 한 번 받고 두 번 받다 보니 '바늘 도둑이 소 소둑' 된 것에 불과한 경우가 많을 것이다.

우리나라가 일제 치하에 있을 때 많은 대한제국의 엘리트(elite)들이 일본의 뇌물 공세에 절개를 굽혀 '나라를 팔아먹은' 행위를 저질렀다. 내게는 1910년 한일합방 전후에 일본으로부터 막대한 금품과 작위(爵位)에 홀려서 나라를 팔아먹는 데 협력한 76명의 매국노 이름을 적어 놓은 책이 있다. 그 책에는 조선 마지막 임금 순종의 장인 윤택영도 끼어 있다. 이걸 보며 '임금의 장인도 뇌물을 받고 이런 짓을 하는데 나 같은 사람이 이렇게 한들….' 싶은 생각이 들었다.

"내 목이 달아나도 뇌물은 절대 안 받겠다." 같은 말을 함부로 내뱉을 말은 아니다. 버나드 쇼(B. Shaw)의 유명한 이야기가 있지 않은가. 그가 한번은 파티 석상에서 어느 귀부인에게 다가가서 귀에다 대고 "돈 100불을 줄 테니 오늘밤에 나하고 호텔에 갈래요?" 하고 속삭였더니, "내가 창녀인 줄 알아?" 하는 소리와 따귀가 한 대 올라오더라는 것. 그는 다른 부인에게 가서 이번에는 액수를 올려(1억, 10억, …) 똑 같은 말을 했더니, '창녀'라는 말도, 따귀도 올라오지 않더라는 것이다. 사람은 정적(正的) 강화의 크기에 따라 행동이 달라지는 것이다.

케이크 일이 있고 나서 나도 버나드 쇼를 닮아 재미로 해 본 '실험'을 소개한다. "만약 너라면 케이크와 함께 온 돈 천(오천, 1, 2, 3억) 불을 되돌려 주겠느냐?"는 질문이었다. 천 불, 이천 불 같이 액수가 적을 때는 되돌려 주겠다는 대답이 질문과 거의 동시에 나왔지만 액수가 1억, 2억, 5억 불로 올라가면 돌려주겠다는 대답이 거의 없었을 뿐 아니라 대답이 나오는 시간도 길어졌다.

"사람은 환경의 산물이다."는 말이 있다. 환경이 사람을 만들기도 하지마는 사람도 환경을 만든다. 뇌물을 예사로 주고받는 사회도 있고, 뇌물을 허용하지 않는 사회도 있다. 나같이 뇌물을 줄 일도 받을 일도 없는 사람은 뇌물을 허용 않는 사회, 캐나다 같은 사회에서 살아야 내 복을 누리며 살 수 있을 것 같다.

(2014.)

# 봄빛

캐나다 달력으로는 3월 12일, 제법 쌀쌀한 날씨에 곳곳에 쌓였던 눈이 아직 완전히 녹질 않고 있으니 봄이 왔다는 것은 성급한 말이다. 지난 몇 주까지 그렇게도 춥던 날씨가 요 며칠 사이에 확 풀려 버렸다. 봄이 왔다고 크게 외치고 싶을 정도로 화창한 날이다.

오늘은 아내의 여고 동창생들이 모여 점심을 먹는 날. 벌써 20년 넘게 사모님을 모시고 다니던 이 늙은 운전기사는 바쁘다. 모임에 가는 길에 수필 원고를 복사해서 우편국에 들러 한국으로 보내야 한다. 그래서 아침 운동도 빼먹고 일찍 차를 몰고 나왔다.

거리에 나와 보니 와, 벌써 봄빛이 천하에 가득하네. 날씨는 꽤 쌀쌀하게 느껴지지마는 햇빛은 벌써 "나 여기 왔어요." 하고 인사를 하는 것 같다. 봄은 햇빛과 함께 온다. 개나리, 진달래, 목련 등은 봄을 알리는 전령사로 알려져 있다. 그러나 나는 봄의 전령사는 바로 햇빛이라고 생각한다. 여름의 전령사는 글쎄 신록이나 구름이요 가을은 하늘, 겨울은 바람일 게다.

어린이들이 부르는 노래에는 단연코 봄에 관한 노래가 많다. 내가 가진 세광음악출판사에서 펴낸 동요집에는 1,200곡 중 봄에 관한 노래가 29~30곡으로 제일 많다. 노랫말을 보면 개나리, 진달래를 비롯해서 제비, 아지랑이, 나비, 바람, 봄비도 등장한다. 어린이들의 노래라 그런지 대부분 즐겁고 신나는 노래들이다.

그러나 어른들이 부르는 예술가곡이나 대중가요로 오면 이야기가 달라진다. 예술가곡에는 봄을 노래한 숫자도 의외로 적거니와 노랫말도 무척 애상적이다. 예로, 박화목·윤용하의 〈보리밭〉도 알고 보면 지난날을 회상하는 추억의 노래다. 대중가요로는 손로원·박시춘의 〈봄날은 간다〉도 콧등이 시큰해 올 정도로 애잔하지 않은가.

내가 봄빛 혹은 봄날에 얼마나 반했는지는 은퇴 잔치나 팔순잔치에 지어 써 드린 시조에서 잘 나타난다. 예로, 내가 E여대 심리학과에 있을 때의 동료 교수 L씨가 정년이 되었다. 나는 캐나다로 돌아오기 전에 모두 3연(聯)으로 된 시조 한 수를 지어 용비어천가체로 써서 L교수에게 드렸다. 시조의 마지막 연(聯)은 다음과 같이 끝난다.

인생은 녹수 만리 돌아보면 청산인데

쉬었다 가는 길 옛날 안고 가는구나
미리내 연연한 빛아 봄날처럼 사옵소서

'봄빛'이라 할까 '봄날'이라 할까 며칠을 두고 망설였다. 이 노래에서 봄날은 정(情)이요, 사랑, 건강이요, 회억이다.

바람이 눈을 몰아 산창에 부딪치니
찬 기운 새어 들어 잠든 매화 침노한다
아무리 얼우려 한들 봄빛이야 앗을소냐

주옹(周翁) 안민영의 노래다. 요새같이 온 나라가 보수·진보로 갈려 싸우고 좌파 종북 세력들이 나라를 어지럽히고 있다느니, 보수 우파 정권이 부패의 극치에 이르렀느니 하는 말들이 떠돌아다니는 세상에 이 노래는 좋은 이용물이 될 수 있다. 즉 위의 시에다 요상스럽고 자기편에 유리한 해석을 붙여 우파는 좌파가, 좌파는 우파가 자기들을 해치려 든다고 하면 정치인 몇 사람이 경찰서를 다녀올 수도 있는 노래다. 그러나 흥선 대원군과 그의 아들(후일의 고종)의 한결같은 보호 아래 예술의 혼을 마음껏 불사르던 주옹에게는 좌파도 없고 우파도 없었다. 겨울 가면 봄이 오고 매화는 피고 만다는 천도(天道)의 순리를 노래한 것뿐이다.

봄은 우선 빛의 변화에서 느껴진다는 말을 했는데 해 놓고 보니 과히 틀린 말은 아닌 것 같다. 남자와 여자가 사랑할 때를 생각해 보자. 서로를 바라보는 눈빛이 다르지 않은가. 벌써 40년이 넘은 일이다. 런던에 있는 웨스턴 온타리오대학교에 처음 갔을 때다. 동료 교수 중에 아내를 잃은 지 3년이 채 안 되는 홀아비 교수 H씨가 있었다. 한번은 우리 집에서 큰 파티가 있었는데 대학원 여학생 C여사도 왔다. 당시 C여사는 남편이 대학교 교목으로 있는 유부녀. 그런데 문제는 H와 C간에 눈이 맞은 것이다. 파티가 끝나고 아내가 던지는 깜짝 코멘트, "아무래도 C와 H가 보통 사이가 아닌 것 같아요." 이 말을 들은 나는 아내를 야단부터 쳤다. "무슨 소리, C의 남편이 대학교 교목이고 하루건너 한 번은 C에게 점심 사 주러 차를 몰고 우리 과에 오는데." 그로부터 몇 달이 지난 뒤 아내의 의심이 사실로 드러났다. C는 이혼, 재혼의 절차를 밟아 둘은 부부가 되어 재미있게 살고 있다. 아내는 어떻게 C와 H의 관계를 알았을까. 둘이 서로 보는 눈빛이 다르더라는 것이다.

빛은 사랑이요 정열이다. 빛은 미래요 희망이다. 봄은 빛에서 오고 빛은 봄을 남겨 두고 구름 속으로 사라진다.

(2015. 3. 12)

# 흥미

몇 주 전 일이다. 토론토 일간 신문에 '우리 시대의 스타(star) 100인'이라는 제목 아래 요새 세상에서 이름을 날리고 있는 사람들, 이를테면 오바마, 벨루쉬, 잭슨, 우드, 얼마 전에 저 세상으로 간 잡스 등 정, 재계, 연예, 스포츠 등 거의 모든 분야에서 세계적으로 이름을 떨치고 있는 사람 100명의 이름이 발표되었다. 100명 중 대부분이 영화배우, 음악가 등 연예인이었다. 내가 이름 정도로 알고 있는 사람은 모두 해서 열 사람이 될까 말까.

내가 연예계에 깜깜하다는 것은 나 자신도 잘 알고 있었지만 이렇게 참혹하게 깜깜할 줄이야! 요새 이름을 떨치는 스타 연예인을 모른다는 것은 젊은 세대를 알지 못한다는 말과 마찬가지—. 존 웨인이나 게리 쿠퍼, 커크 더글러스 같은 배우들은 요새 젊은 이들에게는 5대 6대 할아버지에 지나지 않는 까마득한 사람들일 것이니 이들을 안다고 연예계 사람들을 안다고 할 수는 없다. 나는 한국의 대중가요 가수, 명배우 몇몇 말고는 연예계에는 도대체 흥미가 없는 사람이다.

흥미는 자기가 어떤 활동을 하기 좋아한다고 스스로 말로 발표한 흥미(expressed interest)와 자유 시간에 무슨 활동을 자주 하는가를 행동으로 보여 준 행동화된 흥미(manifested interest)로 나누어 볼 수 있다. 자유 시간에 장난감을 만드는 사람과 낚시질을 가는 사람과는 흥미뿐 아니라 성격에 있어서도 차이가 있을 것이다. 두 가지 흥미가 서로 맞아떨어지는 경우도 많지만 서로 어긋나는 경우도 많다. 어느 것이 진짜 흥미일까. 쉽게 단정할 수는 없다. 골프 같은 야외 스포츠에 흥미가 있다고 말한 사람이 골프를 칠 경제적 여유가 없다면 골프에 대한 흥미를 행동으로 나타내기는 어렵지 않겠는가. 흥미는 어떤 활동에 대해 항상 접근(approach)이나 회피(avoidance)하려는 성향이 포함되어 있다.

그러니 흥미는 직업과 관계가 크다. 대부분 사람들은 자기가 흥미를 느끼는 활동이 많은 분야에 직장을 얻고 싶어 한다. 금전적 유혹이나 명예 혹은 노동 조건 때문에 자기가 흥미를 느끼지 못하는 분야에서 일할 때도 있다. 그러나 흥미를 느끼는 분야에 직업을 갖는 사람들이 압도적으로 더 많다.

나는 유학을 떠나기 전까지는 S대학교 학생지도연구소 연구 조교로 일을 했다. 내 직무의 대부분이 12단과 대학생들에게 개인 혹은 집단으로 지능 검사나 성격 검사, 흥미·적성 검사를 실시해서 학생들에게 그 결과를 해석해 주는 일이었다. 놀랬던 것은 어느 단과 대학을 가 봐도 이 대학 교과 과정에 전혀 흥미를 느끼지 못하고 다른 전공으로 바꾸고 싶다는 꿈을 가진 학생들이 많다는 사실이다. 법대, 농대, 공대, 사대, 음대, 미대, 약대 어디를 가나 대학이 자기 흥미와 적성에 맞질 않아서 다른 전공으로 옮기고 싶다는 학생들이 절반을 훨씬 넘는다는 사실이다. 2년 전 한국을 갔을 때 물어보니 40년이 지난 오늘날에도 조금도 달라진 것이 없다는 말이었다.

흥미는 상당히 빨리 형성되어 16,17살 앞뒤에서 굳어진다. 그리고는 좀처럼 바뀌지 않고 있는 것이 특징이다. 20살 때 측정한 흥미와 40년이 흘러 60살에 다시 측정해 본 흥미 간에는 크게 달라진 것은 없다는 말이다. 그러나 이 흥미가 어디서 시작되어 어떻게 발달하는지 그 시원(始源)에 대해서는 아직 잘 모른다.

흥미를 느끼는 활동이 많은 분야에 직장을 얻는 경우 직업에 대한 만족감이 높을 확률이 크다. 성직자들이 말하는 소명(召命)이 있어야 하는 직업도 있다. 그런데 이 소명이란 게 왜 꼭 신부, 목사, 판사 등 사회적으로 드러나는 직업에만 있는지 환경미화원, 떡볶이나 단팥죽을 끓여 파는 아주머니 같은 직업에는 왜 소명이 없는지 '하나님도 사람 차별하는구나.' 하는 생각도 든다.

이야기가 딴 데로 갔다. 어쨌든 이 정보 시대에 살면서 전 세계적으로 이름을 날리는 100 사람 중에 아는 사람이 이다지도 적다는 것은 좀 문제지 싶다. 나 말고 다른 사람이 그랬다면 내가 얼마나 비웃었을까. 생각해 보니 아침 신문이 오면 자동차(Wheels), 사업(Business), 연예(Entertainment)는 빼서 쓰레기통에 넣어 버린다. 이런 행동에서 사업에 관한 흥미가 솟아나는 경우는 극히 드물지 싶다.

어릴 때 집 안에 있는 냄비란 냄비는 다 꺼내놓고 소꿉놀이를 하는 아들을 보고 부모는 '저 녀석이 공과 계통에 흥미가 있는 모양이니 커서는 엔지니어가 될 거야.' 하고 속으로 흐뭇해하는 경우도 있다. 녀석이 커서 엔지니어가 될 수도 있고, 냄비 공장 사장, 냄비공장장, 용접공원, 냄비를 팔러 다니는 판매원, 라면을 끓여 파는 분식집 종업원, 아니면 엔지니어나 냄비와는 아무 관계가 없는 관광 사업 같은 분야에서도 종사할 수도 있다. 그러니 어릴 때 냄비 놀이가 공과 계통의 흥미나 적성으로 이어진다는 것은 화려한 공상에 지나지 않는다.

오늘날 유행어가 된 '증권'이나 '주식' 같은 말이 나오는 신문은 읽지도 않고 버리다 보니 내가 일하던 대학에서 보내오는 은퇴 연금에 대한 소식도 무슨 말인지 모르는 깡무식이 되고 말았다. 이런 데 흥미가 없으니 이해할 능력이 줄고 능력이 없다 보니 이해하고 싶은 마음도 없다.

(2015. 4.)

# 개장국

'보신탕'이란 말은 개고기를 고아 끓인 국을 가리키는 말로 '개장국'의 속어(俗語)이다. 보신탕이란 말 말고도 지양탕(地羊湯), 구장(狗醬), 사철탕, 계절탕 등 뜻이 같은 말들이 여럿 있는 것으로 알고 있다.

내가 어렸을 때 살던 집은 솔밭 속 외딴 곳에 있었기 때문에 밤을 지키는 개[犬]들과는 인연이 유별나다. 우리 집에서 기르던 개는 전부가 똥개들이었다. 저먼 셰퍼드(German shepherd) 같은 고급(?) 개는 우리가 서울에서 살 때 한 마리 있었으나 시골집에는 없었다. 이들 똥개들은 내가 학교에서 돌아오면 저 멀리서 알아보고 쫓아와서 반갑다고 마구 달려들어 내 새 옷을 흙투성이로 만들어 놓았다.

집에서 심심할 때는 개를 데리고 낙동강 가에 가서 함께 놀곤 했다. 그러니 개는 나같이 외롭게 자란 아이의 둘도 없는 친구요

무조건 나에게 복종하는 충성스런 몸종이었다.

이 정든 개가 어느날 아침 동네 장정 몇 사람에게 끌려가서 나뭇가지에 매달려 숨이 끊어질 때까지 두들겨 맞는다. 개는 두들겨 맞아 죽은 개라야 맛이 있단다. 생명이 끊어진 개가 다음에 가는 곳은 보신탕을 위해 마련된 큰 가마솥이다.

내 정(情)든 개가 비명을 지르며 맞아 죽는 과정을 울면서 지켜본 나는 속으로 '앞으로 다시는 개장국을 입에 대지 않겠다.'고 굳게 굳게 맹세를 한다. 그러나 그 맹세는 채 이틀이 못가서 솟아오르는 개장국의 향기로운 냄새에 떠밀려 사라져 버리고 나는 내가 언제 그런 맹세를 했느냐는 듯이 개장국으로 숟가락이 간다.

내가 대학에 입학하고 나서 개장국은 노골적인 수난을 받기 시작한 걸로 기억한다. 미국 같은 선진국에서는 개를 잡아먹지 않으며 개를 잡아먹는 것은 미개인이라는 말도 들려왔다. 내가 평소에 마음속으로 흠모하고 존경했던 미국 사람들이 먹지 말라고 했으니 우리도 그렇게 따라가야 한다고 생각했다. 그 당시 나뿐만 아니라 한국사람 거의 전부가 미국의 문화적인 노예가 아니었던가. 무슨 물건이든지 미국에서 만든 것이 좋고, 미국이라는 나라는 가난한 사람은 도대체 눈에 띄지 않고 모든 국민이 다 잘 먹고 잘 사는 나라. 6·25사변 때 우리나라를 구해준 겨레의 은인이 개고기를 먹지 말라는 말은 머릿속에 여간 큰 혼란을 가져온 것이 아니었다. 이러지도 저러지도 못한 채 엉거주춤한 태도로 있을 수밖에 없었다.

나의 미국에 대한 반감이랄까 실망은 개장국에서 시작했지 싶다. 20대 중반에 밴쿠버로 유학을 왔다. 이 북미대륙 사람들은 개를 개로 취급하지 않는다는 것을 내 눈으로 보았다. 한국에서 개는 어디까지나 동물, 내가 살던 시골에서는 집 밖에서 잠자고, 집 밖에서 똥 오줌 누고 사는 가축이다. 그러니 닭이나 염소를 길러서 잡아먹는 것과 별다를 게 없다. 그러나 북미대륙에서는 개는 개 이상의 대접을 받는다는 것은 동네 반바퀴만 돌아봐도 알 수 있다. 어떤 개는 사람 이상의 대접을 받는다. 개가 아프면 온 집안 식구들이 근심스런 표정이 되고 개가 소천(召天 : 죽는다는 기독교에서 쓰는 말) 하는 날에는 온 식구가 상주가 된다. 이러다가는 개 찜질방, 개 장례식장도 생길 날이 올 것 같다.

일 년에 한 번씩 대구대학에 방문교수로 3,4주를 다녀오던 시절에 동료 교수들과 전라도 무주구천동에 갔다가 돌아오는 길에 어느 개장국 집에 들른 적이 있다. 나는 일행이 개장국집에 간다는 것을 미리 알았으나 아내에게는 이 말을 하지 않았다. 개장국인지는 꿈에도 상상하지 못한 아내는 보통 고깃국으로 알고 맛있게 먹는 게 아닌가. 그걸 보고 혼자 얼마나 킬킬대고 웃었는지 모른다. 지금 아내는 개장국이라면 자다가도 벌떡 일어날 정도로 개장국 애호가가 되었다.

초등학교 시절, 예안 장날이면 아버지를 따라 면사무소 건너편

골목에 있던 개장국집을 들어서던 때가 바로 엊그제 일 같다. 개장국을 먹는 나를 내려다보시고 "사내가 우째 양(量)이 그르노!" 하시던 아버님도 세상을 뜬 지 40년이 넘었다. 부정(父情)의 인자한 그늘 아래서 개장국을 먹던 나에게도 무정한 세월은 오가서 여든이 내일 모레다. 오늘 같은 날은 그 개장국 한 그릇이 먹고 싶다.

(2015. 11.)

# 금의환향(錦衣還鄕)

나는 '고향'이라는 말에 무한한 애정을 느낀다. "고향이 어딥니까?"하는 내 질문에 경상북도 어디라는 대답이 나오면 나는 그 사람에 대해 10점을 더 주고 들어간다. 고향이 경북 안동이라는 대답이 나오면 귀가 번쩍 뜨인다. 이 말은 내가 지방색이 있다는 말이 아니다. 고향에 대한 애착이랄까, 사랑이 유난히 크다는 말일 뿐. 어차피 나는 심심산골에서 태어난 시골뜨기가 아닌가.

사실 따지고 보면 나만 그런게 아니라 대한민국 국민 대부분이 다 그런 것 같다. 박근혜가 대구에서 어떤 대접을 받고, 김대중이 목포에서 어떤 대접을 받고, 김영삼과 그의 아들이 거제도에서 어떤 지지를 받는지를 생각해 보면 금방 이해가 갈 것이다.

한때 우리나라 대통령 후보였던 문재인의 경우는 무척 흥미롭다. 문재인은 세상에 나오기 전 그의 부모는 흥남부두에서 철수하는 미군 군함을 타고 남하, 거제도로 피난, 문재인을 잉태했다.

그러니 그가 태어나서 자란 곳, 즉 그의 고향은 경상남도 거제도다. 그러나 이 엄연한 사실에 시비를 걸어오는 사람들이 있다. 문재인이 비록 거제도에서 태어났다 해도 그의 아버지 어머니가 모두 이북 사람들이니 문재인도 이북 사람으로 분류되어야 한다는 것이다. 주거지 이동이 거의 없었던 조선왕조 때, 아버지의 고향 = 나의 고향이라는 생각으로 보면 문재인은 이북사람이지 경상도 사람이 아니다.

며칠 전, 미국 대통령 오바마가 두 나라 간에 무역을 더 활발하게 해야 한다는 구실로 아프리카 대륙 사하라 사막 남쪽에 있는 케냐(Kenya)를 2박 3일 일정으로 다녀왔다. 오바마의 아버지는 케냐 태생 흑인으로 미국에 유학 와서 당시 학생이던 오바마의 어머니(백인)와 결혼하여 그 둘 사이에서 난 아들이다. 그러니 오바마의 고향은 하와이. 미국 대통령이 된 그는 이번에 아버지의 나라, 그의 고향을 찾아갔다. 그야말로 금의환향(錦衣還鄕)이 아닌가.

옛날 조선왕조 때는 과거에 급제하는 것이 출세의 유일한 길이었다. 과거에 급제해서 조상을 모신 사당(祠堂)에 고유제(告由祭)를 지내는 것은 조선에서 태어난 모든 사내아이들의 꿈이요 소망이었다. 그러나 요새 세상에는 출세하는 길도 여러 가지. 공부를 잘해서 출세한 사람도 있고, 돈을 많이 벌어서, 운동을 잘해서, 글[文筆]로 이름을 날려서, 아니면 특정 예술이나 기능에 뛰어난 재능을 보여서 출세를 한 사람 등 수십 가지이다.

이번 케냐 방문은 오바마가 미국 대통령이 되고는 처음 방문인 것으로 안다. 아무리 공적(公的)인 일로 방문한다 해도 한국 같았으면 언론에서 대서특필, 흑인 아버지의 아들로 인종차별에서 오는 서러움을 이기고 대통령 자리에 올라서 자기 아버지 나라에 가는 금의환향에 관해서 별별 흥미로운 기사가 다 쏟아져 나왔을 것이다. 예로, 오바마가 아버지 산소를 찾아가는 광경, 아직까지 살아있을 아버지의 옛 친구들을 만나는 장면, 배 다른 형제들과 이야기 하는 장면 등 자질구레한 장면을 내보내느라 언론이 무척 바빴을 것이다. 그러나 내 기대는 빗나갔다. 북미의 언론들이 내놓은 기사는 무역활성화를 위한 업무중심(business talk)의 내용이 대부분이었다.

왜 북미의 언론들은 오바마 대통령의 케냐 방문에 관계된 센티멘털한 면을 외면했을까? 내 생각으로는 '출세'라는 말이 두 개의 다른 문화권에서 쓰이는 뉘앙스(nuance) 때문인 것 같다. 한국같은 집단주의 문화권에서는 출세라는 말에 더없이 무거운 비중을 둔다. 출세를 하면 우선 가문이 빛나고, 어려운 집안을 도와주고, 무한한 사회적 존경과 찬사가 따르고 나뿐 아니라 주위에 있는 사람들도 물질적, 사회적 대우가 하루아침에 달라질 확률이 크다. 그러나 북미 사회는 집단주의 사회가 아니라 철저한 개인주의 사회. 출세한 사람이 남에게 영향을 줄 수 있는 힘은 한국에 비해 극히 적다. 북미 대륙에서 출세란 그저 교육 잘 받고, 안정된 직장

얻어서 물질적, 정신적 풍요를 누리며 자녀 교육 잘 시키고 국가에 세금 부지런히 내며 좋은 시민이 되는 것이다. 이네들에게 고향이란 단순히 태어나서 어린 시절을 보낸 곳. 그러니 고향에 대한 관심과 애착은 우리 한국 사회의 절반도 못된다.

… 타국이 좋다 해도 청춘행락 꿈같으니 고국 천륜 잊지 말고 수년내로 돌아와서 다시 보기 부탁한다. 할 말은 무궁하여 만권지 부족하나 마음도 아련하고 문필이 부족하여 이만 그치니 부디부디 건강하게 잘 있다가 금의환향 돌아오라. —계축 추 팔월 십칠 일 어미.

내가 학위를 받고 노트르담(Notre Dame) 대학교에서 교편을 잡고 있을 때, 한국에서 우리 사는 것을 보러 오셨던 어머니가 한국으로 돌아가시기 바로 전 날 써두고 가신 편지의 마지막 구절이다. 금의환향은 옛말이 되고 나는 이제 비행기 탈 기운부터 걱정해야 하는 실로 초라한 행색의 늙은 첨지(僉知)가 되었다.

오바마 대통령이 자기 아버지의 나라 케냐를 방문한다는 부러운 뉴스를 들으니 문득 어머님이 한국으로 돌아가시기 전날 써주고 가신 금의환향하라는 편지 구절이 생각나서 적어 보았다. "나 벼루에 먹 좀 갈아다고." 말씀하시던 광경이 바로 엊그제 있었던 일같이 생생하다.

(2015. 8. 24)

Chapter 4

# 서울 가는 비행기 속에서

# 서울 가는 비행기 속에서

나는 그들을 영어로 어떻게 발음해야 하는지는 잘 몰랐습니다. 타보질 못하고 하늘에 떠가는 비행기를 쳐다보기만 하던 시절에는 나는 '스튜디스'로 발음했습니다. 스튜디스에 '어' 자를 넣어 '스튜어디스(Stewardess)'로 발음한 것은 비행기를 타 보고 난 뒤의 이야기입니다. 내가 비행기를 처음 타 본 것은 대학을 졸업하고 몇 년이 지나서, 정확히 말하면 대학원을 끝내고 유학길에 오른 1966년 9월 12일이었습니다. 머리 위로 폭포수가 콸콸 내리쏟아지는 것 같은 우렁찬 소리를 내면서 비행기가 부르릉 하늘로 치솟는 순간의 감격과 흥분은 내 젊은 날의 추억으로 남아 있습니다.

그 비행기 안에서 나는 스튜어디스들이 일하는 것을 처음 봤습니다. 택시가 처음 나왔을 때 택시를 운전한다는 것이 하나의 인기직이었던 것과 마찬가지로 스튜어디스도 대부분 사람들이 비행기를 타 보질 못하던 그 시절에는 대단한 인기직(人氣職)이었습니다. 예로, E여대 무슨 과를 수석 졸업한 재원이 어느 비행기 회사의 스튜어디스로 취직되었다는 기사가 사진과 함께 D일보 같은 전국지에 큼지막하게 나왔으니까요.

그때 스튜어디스는 내가 말 한마디 붙여 보기가 힘든, 저 멀리 강 건너 있는 여성이었습니다. 우선 비행기를 타고 이 하늘 저 하늘로 날아다니는 사람이 어찌 보통 사람이겠습니까. 난다 긴다 하는 멋쟁이들은 다 만나서 태연히 웃으며 이야기를 나누는 직업 여성이 나 같은 시골뜨기가 눈에 보이겠습니까. “저런 여자들은 절대로 집에 들어앉아 살림을 할 여자들이 아니다.”는 생각은 나 혼자 조용히 내린 결론이었습니다.

이 생각이 내 좁디좁은 촌뜨기 편견에 지나지 않는다는 것을 알게 된 것은 1980년 여름, 브리티시컬럼비아 주 어느 섬에 있는 대학교에 하계 강의를 하러 갔을 때였습니다. 우연히 최근 몇 년 동안 스튜어디스로 일하던 여성과 결혼한 K형 부인은 일등 주부였습니다. 예쁘고 체격 좋고 살림은 그 어느 누구도 따라가지 못할 만큼 알뜰하게 살고 있는 전(前) 스튜어디스를 보고 속으로 무척 놀랐습니다. 그러다가 요사이 알게 된 두 사람의 전 스튜어디스들을 보는 동안 내 편견은 말끔히 사라져 버렸습니다. 그들은 그렇게 화려한 삶을 쫓는 사람들도 아니고 고물고물 살아가기에 바쁜 주부들이란 것을 알게 되었지요.

올 4월, 아내와 함께 한국을 다녀왔습니다. 내가 앉은 앞자리, 왼쪽으로 20대 젊은이들 몇이서 창가부터 나란히 앉아 있었습니다. 불을 끄고 잠을 잘 시간에 이들은 스튜어디스에게 라면을 끓여 달라, 담요 하나 더 다오, 더운 물 한 컵만 달라, … 얼마나 주문이 많은지 스튜어디스 한 사람이 약 한 시간 동안 전적으로 그들에게 매달려서 분주하게 왔다 갔다 하는 것을 보았습니다. 이를 옆에서 지켜보는 내 기분도 좋질 않았습니다. 그러나 그 많은 요구에도 이맛살 한번 찌푸리지 않고 시종 웃음으로 대해 주는 스튜어디스가 무척 놀라왔습니다. 물론 고도의 훈련을 받은, 호두과자 기계로 찍어 낸듯한 그런 웃음이긴 하지만—.

스튜어디스가 이렇게 인내성 있고 상냥할 줄 알았다면 나도 그 옛날 스튜어디스에게 눈이라도 한번 껌뻑 우정의 시그널을 보내볼 것을—. 이제는 그 따위 수작을 할 나이도 지났습니다. 이제는 그들이 손녀같이 귀엽기만 한 '어르신'이지요. 어느덧 비행기는 북극 상공을 날고 있나 봅니다. 그 젊은이들은 창밖 한번 내다보질 않고 잠이 들었습니다. 배만 부르면 됐지, 바깥은 내다봐서 뭘 하겠느냐는 심사겠지요.

그들뿐 아니라 그 비행기 창가에 앉은 손님 어느 누구도 비행기가 인천 상공에 올 때까지 창밖 구경을 하는 이가 없었습니다. 이것도 낭만이라고 할 수 있을지는 모르겠습니다만 창밖으로 구름바다를 내려다보는 낭만 같은 것은 이제 없어진 모양입니다.

라면을 끓여 나르기에 바쁘던 그 스튜어디스도 잠시 눈을 붙이러 갔는지 보이질 않습니다. 비행기는 지칠 줄 모르고 그리움이 짙어만 가는 밤하늘로 자꾸자꾸 날아갑니다.

(2014. 4.)

## 늦가을의 여수(旅愁)

돌아도 보지를 않고 또 한 해가 가는구나
여든다섯 해 늙은 종지기 혼자 두고 가는구나
옛날엔 푸른 종 울리며 내가 너를 보냈는데

묻지 말자 오가는 일 맞고 또 보내는 일
흐르는 시냇물 자락에 우선 잠시 손 담글 뿐
머물고 떠나는 이야기 저 강물에 묻지 말자

서울에 사는 대학 동기동창의 부인 H여사가 내게 보내 준 800쪽이 넘는 백수(白水) ≪정완영 시조 전집≫에서 옮겨 온 시조다. 이 시조 전집은 내가 지금까지 모두 열 번은 넘게 읽었지 싶다.

오늘같이 한 해가 저물어 가는 날에는 백수의 코스모스처럼 가련하고 눈물 자국 배인 시어(詩語)들이 안성맞춤이다. 이 나이에

"해를 보내는 것이 즐겁고 희망에 찬 새해가 온다."고 좋아할 사람이 하나라도 있을까. 백수는 경상북도 김천 태생—. 서울역에서 부산행 기차를 타고 중간쯤 되는 거리 대전을 지나며 커피 한 잔을 마시고 나면 기차는 어느새 추풍령 터널(tunnel)을 빠져나와 김천역에 도착한다. 그는 지금 서울에 살지만 오매불망 그의 고향 김천 황악산의 솔바람을 잊지 못한다. 그의 아호 백수(白水)도 고향 김천(金泉)의 천(泉)자를 파자한 것이요, 그의 시실 이름도 '망황악시실(望黃嶽詩室)'이다.

알고 보면 새해니 헌해니 하는 구별도 애당초 없는 것. 오늘이 새해의 시작일 수도 있고 내일, 모레가 해의 끝이랄 수도, 혹은 묵은해랄 수도 있다. 어느 사이에 우리는 한 해의 중턱을 훌쩍 뛰어넘어 늦가을의 끝자락에서 서성거리고 있는 것이다. 그런데 가을이면 문득 문득 생각나는 게 하나 있다. 청전(靑田) 이상범의 동양화다. 대학 시절, 경복궁 신무문 근처 국전(國展)이 열리는 데 가서 동양화 전시실에 들어서면 고희동, 노수현, 허백련, 배염, 서세욱 같은 동양화로 일세를 풍미하던 거장들의 산수화를 감상하던 생각이 난다. 그들 가운데 청전은 내가 국전 나들이를 할 때마다 늦가을의 풍경—, 이를테면 다 쓰러져 가는 낡은 기와집 한 채가 멀리 보이고, 잎 진 산에 노인 하나가 지게에 나무를 잔뜩 지고 고적한 산길을 힘겹게 올라가는 그런 만추(晩秋)의 풍경을 화폭에 담아 보여 주었다.

이제는 지게를 진 사람이 눈에 띄던 세월도 갔고, 그런 그림을 그리던 화가들도 저 세상 사람이 된 지 오래, 화풍(畵風)도 옛날과는 판이하게 달라졌다. 오늘도 아내와 함께 청전 산수화에 나올 법한 가을 언덕을 한나절 오르내리다가 돌아왔다. 이제는 아내의 손을 잡아도 연애 시절과는 다르다. 전신으로 '찌르르'에서 '무감각'까지 오는 데 50년도 채 안 걸린 셈. 하기야 결혼해서 아이 둘까지 낳은 여자가 아직도 남편 손을 잡을 때 '찌르르'를 느낀다면 이는 불초 남편의 목숨을 단축시키는 암(癌)보다도 더 무서운 병이 아니겠는가. 부부란 육욕적인 애정에서 출발, 정(情)으로 옮겨가서 낙(樂)으로 끝나는 것. 그래도 7,80나이에 새 장가를 가는 사람들이 가끔 눈에 띈다. '용기 있는 사람들'이라기보다는 '주책스러운 사람들'이라는 생각이 앞선다. "인생은 70부터"라는 말은 이들의 말이지 싶다.

가을 다음은 겨울. 캐나다 같은 북국(北國)에서는 1, 2월이 가장 혹독한 추위가 오기 때문에 11, 12월은 내게는 늦가을이다. 그러니 일 년은 봄, 여름, 가을, 겨울이 아니라 겨울, 봄, 여름, 가을 순서라고 생각할 때가 많다.

한 해를 보내며 스스로 '올해는 퍽 알차게 보냈구나.'는 결론을 내리는 사람은 거의 없을 것이다. 이런 생각은 '올해는 부모님께 효도를 무척 많이 했구나.'는 생각과 마찬가지로 대단히 용렬한 생각이다. '어영부영하다 보니 해 놓은 일도 별로 없는데 벌써 한

해가 저무는구나.'와 같은 세월의 무정함과 세상살이의 번거로움에 한 줌의 가녀린 탄식이 마땅치 않을까.

꽃씨가 묻힌 자릴 모른 채 밟고 가듯
꽃이 펴야 봄이라고 외쳐 대며 살아가듯
우리는 살고 있는 것이다 살아가는 것이다

아내의 고등학교 동창 모임에 따라갔다가 만난 K목사가 내게 주고 간 문예지 ≪시조생활≫을 뒤적이다가 우연히 김귀례의 〈이런 섭리〉가 눈에 띄어 옮겨 적어 보았다.

(2013. 11.)

# 정(情)

한 많은 이 세상 야속한 님아
정을 두고 몸만 가니 눈물이 나네
아무렴 그렇지 그렇구 말구
한 오백 년 사자는데 웬 성화요

— 〈아리랑〉의 한 구절

정(情)이란 무엇인가. 꼬집어 정의 내리기는 무척 어렵다. 영어에는 우리의 정(情)과 딱 맞아 떨어지는 말은 없는 것으로 안다. 마치 대학의 chancellor라는 말이 우리나라 대학에는 꼭 들어맞는 자리가 없는 것처럼—. 친절하고 사랑하는 마음을 가리키는 affection(애착)이란 단어가 가장 가까운 말이 아닐까. 정 밑에 사랑이 깔려 있을 때가 많지만 꼭 그렇게 보기는 어렵다. 미운 정이라는 말까지 있는 것을 보면 사랑이 정을 배양하는 데 필요충분조건은 아닌 것 같다. "정 각각, 흉 각각"이라는 속담이 있듯이 어떤 사람에게 쏠리는 정과 그 사람의 결점과는 다른 것이어서 정이 쏠린다고 해서 흉이 없어지는 것은 아니며 흉이 있다고 해서 정이 가시는 것도 아니다. 정(情)과 뗄 수 없는 말로 한(恨)이라는 게 있다. 그러나 이것도 무엇인지 꼬집어 정의를 내리기는 어렵다. 나는 사랑이란 말처럼 무엇이 정(情)이고 무엇이 한(恨)인지는 모든 사람들이 말로는 표현하기가 어렵지만 가슴 속으로 느끼기는 할 것이라고 믿고 있다.

동양 문화 특히 한국 문화는 정(情)과 한(恨)의 문화라 해도 지나친 말은 아닐 정도로 정(情)에 찌들고 한(恨)에 저리어 왔다. "뒤주에 쌀 떨어지고는 살아도 가슴에 정(情) 떨어지고는 못 산다."거나 "돈 떼먹고 살아도 정(情) 떼먹고는 못 산다." 같은 말들이 이를 잘 나타낸다. 몇 년 전에 한국의 원로 수필가 김시헌 선생이 내게 첫 마디가 "花香千里行/ 情香萬里薰(꽃의 향기는 천 리를 가고 정의 향기는 만 리를 간다.)"으로 시작되는 엽서를 한 장 보내왔다. 情이 뭐길래—. 우리 문학이나 예술 작품을 보면 어느 모퉁이에서나 쉽게 정의 모습을 찾아볼 수 있다. 예로, 김연갑의 ≪아리랑≫을 보면 50종에 2,000여 수(首)의 노랫말 거의 절반이 정(情) 아니면 한(恨)에 매달려 있음을 알 수 있다. 계월향이나 안숙선, 임방울, 강도근 같은 명창들이 전통 노래를 부르는 것을 들어보면 우리의 정(情)은 눈물샘에 연결되었는가, 듣는 사람 자신도 모르게 눈물이 고인다.

그런데 얼마 전에 예술가곡을 부르는 가객들이 무대에서 우리의 전통 민요, 이를테면 〈한 오백 년〉이나 〈신고산 타령〉, 〈정선 아라리〉같은 노래를 부르는 것을 본 적이 있다. 실망스럽게도 그들의 노래에는 정(情)이나 한(恨)을 찾아볼 수 없었다. 우리 전통 민요에는 피맺힌 한(恨)이 필수적이다. 어떤 예술가곡 가수들은 웃는 얼굴로 우렁차고 활기에 찬 목소리로 부르기만 하면 되는 줄 알고 있는 것 같아 쓴 웃음을 짓지 않을 수가 없었다. 〈돌아오라 소렌토로〉를 부를 때와 〈한 오백 년〉을 부를 때 무대에 선 가수에게 요구되는 음악적 요구는 다르다. 그러나 이들은 목소리만 우렁차고 활기 있게만 하면 되는 줄 아는 것 같다. 어떤 때는 그 좋은 노래를 너무나 격에 안 맞게 불러서 분노가 치밀어 전통 노래 훼손(毁損)죄로 고소라도 하고 싶은 심정이 든다.

일반적으로 기운차고 씩씩한 기상은 정(情)과는 거리가 멀다. 군가(軍歌)도 아닌데 왜 그렇게 용감무쌍하게 고함만 질러 대는지! 캐리비안 연안을 떠다니는 호화 유람선보다는 손으로 저어가는 나룻배가 더 정겨운 것처럼 정(情)이 깃드는 데는 굵고 튼튼한 것보다는 가냘프고 연약한 것, 화려하기보다는 애잔한 기쁨이나 슬픔이 서려 있는 것이 더 좋다. 한낮의 강렬한 햇빛보다는 은은한 봄밤의 달빛이 더 정겹고, 확성기를 통해 나오는 우렁찬 웅변보다는 둘이서 들길을 걸으며 이야기를 주고받는 정경이 더 정겹게 느껴지지 않는가.

한국화를 보면 정(情)의 실체가 확연히 드러날 때가 있다. 한국에서 정감이 있다고 칭찬받는 그림은 웅장하고 비상(飛翔)하는 그런 그림이 아니라 혜원(蕙園) 신윤복의 그림처럼 냇가에서 정답게 이야기를 주고받으며 빨래를 하는 가녀린 여인들의 모습을 담은 그림일 것이다.

서양과 동양의 가장 큰 차이점을 들라면 나는 주저 없이 정(情)과 한(恨)의 있고 없음을 들겠다. 서양 사람들은 우리에 비해서 정이 없다고 할까 매정하다. 수십 년을 같이 근무하던 동료 교수가 은퇴를 하고 직장에서 더 이상 보이지 않을 때 남은 교수들이 가고 없는 그 교수에 관한 이야기를 하는 횟수는 한국의 반의반도 안 될 것이다. 그야말로 Out of sight, out of mind(보이지 않으면 그만이다). 우리네와는 퍽 대조적이다.

몇 십 년 만에 우연히 서로 만나서도 점심 한 번 같이 하자는 말도 꺼내지 않는 사람들—. 이렇게 정(情)이 없는 사람들과 50년 가까이 부대끼다 보니 나도 모르게 매정한 사람이 되고 말았다. 흉보면서 닮는다던가.

생각의 서구화가 되자면 정(情)부터 과감하게 처리할 줄 알아야 한다는 것을 충고해준 대 선배의 말이 생각난다. 그러나 나는 말로는 정(情) 따위야 벌써 옛날에 떨쳐 버렸다고 큰소리치지만 마음은 아직 정(情)의 포로가 되어 산다. 정의 울안에서 사는 사람을 만나면 더없이 반갑고 이야기가 많다. 그러나 한국엘 가면 '서양놈 다 되었구나'하는 표정들이 역력하다. 여기 오면 저기가, 저기 가면 여기가 낯설게 보인다.

(2014. 3.)

# 마음을 비울 수가 있다면

오늘은 금요일, 좁쌀보다도 더 작은 눈가루가 아침부터 쏟아져 내린다. 이런 날은 집에 틀어박혀 게으름이나 잔뜩 부려보기에 딱 좋은 날.

정민 교수가 엮어 낸 ≪학산당인보≫를 뒤적이다 보니 세상을 살아가는 데 참고해 두고 싶은 말들이 많이 눈에 띄었다. ≪학산당인보≫란 학산당(學山堂) 장호가 중국 명(明)대 전각가(篆刻家)들이 짤막하고 시(詩)적인 경구를 새겨 둔 것을 모아서 엮은 책으로 중국의 대표적인 인보(印譜)라 할 수 있다.

우리나라에서는 정조 때 이덕무가 ≪학산당인보≫에 있는 글을 뽑아 한 권의 책으로 펴내면서 초정(楚亭) 박제가에게 그 책의 서문을 부탁했다. 초정이 쓴 서문은 우리말로 번역되어 박제가의 저서 ≪궁핍한 날의 벗≫에 실려 있다.

이 글을 읽는 사람이 만약 이 인보에 담겨 있는 통곡하고 싶은 마음과 깜짝 놀랄 심정을 터득하게 된다면 천하의 기이한 글이라도 이 정도에 불과하고 옛 사람들의 천만 마디 말도 이 정도에 불과함을 알게 되리라. 압록강 동쪽에서 책을 덤덤하게 보지 않을 사람이 몇이나 될까. 내 말을 신뢰하는 자가 없음이 당연하구나, 아아!

≪학산당인보≫에 나오는 글은 그야말로 사간의심(辭簡意深 : 말은 짧되 뜻은 깊다)의 글들이다. 여러 가지 다른 글에서 뽑았으되 그 본뜻에 있어서는 한없이 간결하고 방만하지 않다. 나같이 용렬한 사람에게는 더없이 좋은 황금 참빗이요 길잡이다. 몇 구절 인용해 보자.

“좋은 공을 이루고도 물러나지 않으면 예로부터 허물이 많게 된다(功成身不退, 自古多愆尤).” 세상에는 공을 이룬 사람도 많고 공을 이루려고 밤낮 노심초사 애쓰는 사람도 많다. 공(功)과 끊을 수 없는 관계에 있는 것이 자리, 감투다. 감투를 너무 오래 지키려고 애쓰다가 망신으로 끝나는 사람도 많다. 그러니 어떻게 나아가느냐도 중요하지만 어떻게 물러나느냐도 중요한 것이다. 칭찬은 마약, 남의 칭찬이 그리워서 너무 오랫동안 자리에 미련을 버리지 못하고 미적거리는 사람들이 너무나 많이 눈에 띈다.

“시비와 사랑과 미움을 죄다 녹여 없애 버리고 텅 빈 몸을 세간 속에 붙여 있도다(是非愛惡銷除盡, 惟寄空身在世間).” 정민 교수 말마따나 옳으니 그르니 서로 다투고 미워하고 사랑하는 감정이라고는 없는 텅 빈 몸을 이 사바세계에 맡겨 두고 살다가 저 세상으로 가겠다는 탈속정허(脫俗靜虛)의 경지다. "… 사랑도 벗어 놓고 미움도 벗어 놓고/ 물같이 바람같이 살다가 가라하네."의 아름다운 시구를 남기고 이 세상을 다녀간 나옹 선사가 생각난다.

마음을 비운다는 말은 무슨 뜻일까. 나는 이 말을 모든 집착이나 구속에서 해방된다는 뜻으로 해석한다. 남을 미워하거나 시기하는 것도 집착이요, 사랑하거나 아끼는 것도 집착이다. 마음속에 남을 두고 연연하는 것은 마음을 비운 상태가 아니다. 이 말은 실제로는 마음을 비울 수가 없는 경우가 너무나 많다는 것을 시사한다. 구도자나 철인(哲人), 세상 풍파에 직접 시달리지 않고 지내기 때문에 인생살이에 대한 현실감이 부족한 극소수의 종교인들은 마음을 비우란 말을 쉽게 할 수 있을 것이다. 그러나 이 세상을 고물고물 열심히 살아가는 필부(匹夫)들은 말로는 비울 수 있어도 속마음은 미움, 시기, 경쟁, 애증에서 하루도 편할 날이 없는 경우가 대부분이다.

남을 미워하는 마음이 전혀 없는 경우를 가정할 수 있을까. 만일 그렇다면 그 사람은 억울하고 불행한 처지에 놓인 사람을 보고도 연민이나 동정, 그 어떤 정의감이나 분노도 느끼지 못하는 사람이다. 사랑과 미움은 동전의 양면, 미움을 느끼지 못하는 사람은 사랑의 감정도 느끼질 못한다. 도저히 비울 수 없는 마음을 두고 자꾸만 "비워라, 비워라." 하면 우리에게 남는 것은 그렇게 하질 못하고 있는 자신에 대한 죄의식이나 무능함밖에는 없다.

창밖을 내다보니 그 무섭게 퍼붓던 눈도 어느 사이에 뚝 그치고 하늘 저쪽으로 어슴푸레 구름에 쌓인 달같이 보이는 해가 나오고 있다. 하늘은 오늘 마음을 비웠나 보다.

(2014. 12.)

# 한(恨)

우연한 기회에 요즈음 한국에서 이름을 떨치고 있는 대중가요의 샛별 두 사람, L씨와 C씨가 같은 무대에서 노래를 부르는 것을 본 적이 있다. 선배 가수 L씨가 C씨에게 "참 한(恨)을 잘 풀어가네요." 하며 극구 칭찬을 했다. 한(恨)이 무슨 말인지 꼭 집어 말하기는 세상에 어려운 일이지마는 나도 C씨의 노래를 들으면 다른 가수들과는 달리 그는 한(恨)을 노래하고 있다는 막연한 생각을 오래전부터 하고 있었다.

한(恨)의 뜻은 무엇인가. 내가 가진 민중서관에서 펴낸 ≪국어대사전≫을 보면 한(恨)과 그 말의 동의어가 된다 싶은 원(怨)에 대해서 다음과 같이 적혀 있다.

> 한(恨) = 원한, 한탄(원통한 일이나 후회스러운 일이 있을 때 한숨 짓는 탄식).

원(怨) = 원한(원망스럽고 한이 되는 생각), 원망.

우리 민족은 한(恨)의 민족이다. 민요 같은 가사의 내용을 살펴보면 구구절절 한이요 원망이다.

한(恨)은 도대체 어떻게 해서 생기는 것일까. 여러 가지 원인을 생각해 볼 수 있겠다. 생리적 이유, 주거 조건 같은 생활 환경적 이유도 있을 것이다. 이 둘 중에서 나는 생활 환경적인 요소를 가장 흔한 한(恨)의 원인으로 꼽는다. 그렇다면 어떤 생활환경일까. 힘들고 억울하고 아무리 발버둥쳐 봐야 현재의 상황은 바뀌지 않는 생활환경이다. 내가 생각해 본 한(恨)의 생성은 다음과 같다.

옛날 우리 조상들은 동굴 속에서 살며 먹이를 구하고 짐승을 사냥하고 물고기를 잡으며 살았다. 이때 가난한 자와 부자의 차이란 기껏해야 힘이 더 센 사람이 더 많은 수확을 차지하려는 욕심을 부리는 행동 말고는 없었을 게다. 사회 구조가 복잡해지며 백성들을 돌보는 정부 조직이 들어서고 정부에 소속된 벼슬아치들은 백성에게서 세금은 물론 그 이외에 다른 물질적 지원도 기대하였다. 나중에 이 소수의 벼슬아치들은 백성들 위에 누르고 앉아 백성들의 절대 복종과 지나친 협조를 요구하는 특수층이 되었다. 나라의 최고 위정자가 탐욕스럽고 잔인한 사람일 때는 벼슬아치들은 백성을 대상으로 인정사정없는 가혹한 약탈자로 변했다. 정부는 백성을 위한 조직이라기보다 백성을 착취하여 자기네 배를 불리는 특수 집단으로 전환되고 마는 경우가 많았다.

우리 역사를 봐도 진정 백성을 위한 정부는 드물었다. 벼슬아치들은 마적 떼가 되고 백성들의 삶은 날로 도탄에 깊이깊이 빠져들었다. 벼슬아치들이 비합법적이고 무자비하고 잔인한 방법으로 백성들의 재물을 빼앗아 가도 백성들은 울부짖는 것 외에는 항의 한번 제대로 못 해 보는 경우가 많았다. 이런 억울한 경험은 쌓이고 쌓여서 원(怨)이 되고 한(恨)이 되어 우리의 핏줄 속에 남아 있다는 얘기다.

간추려 말하면 한(恨)이 배양되자면 억울함과 제힘으로는 어찌할 수 없다는, 발버둥쳐 봐야 일어날 것은 일어나고야 만다는 전제가 있어야 한다. 예로, 10만 원이 없어서 딸아이가 눈앞에서 죽어 가는 것을 보는 부모가 한(恨)이 안 생길 수가 있을까. 자기 재산을 이유 없이 빼앗아 가는 것을 보고도 억울하다는 감정을 갖지 않는 사람이 있을까.

이렇게 한(恨)의 생성에 대해서 얘기하다 보니 제법 그럴 듯하게 들린다. 그러나 그것으로 한(恨)의 생성을 일반화하기에는 문제가 많다. 예로, 정부가 백성을 착취하고 억울한 감정을 갖도록 한 것은 비단 우리 민족 뿐만은 아닐 것이다. 이웃 중국을 보면 전쟁이 그칠 날이 없었고 백성들은 위정자들의 학정 밑에서 숨도 제대로 쉴 수 없는 암울한 시대가 오랫동안 계속된 때가 있었다.

그런데 왜 우리 민족만 한(恨)에서 헤어나지를 못하고 있을까. 이렇게도 생각해 볼 수 있다. 아마 우리 민족은 고생스럽고 억울한 결과의 원인을 나의 실수, 나의 잘못으로 일어난 내적(內的) 요소로 귀인(歸因)하는 경향이 있는지 모른다. 되풀이되는 상실, 억울한 일, 굶주림 같은 부정적인 결과는 피할래야 피할 수 없는, 숙명적인 것으로 받아들여서 한(恨)으로 남게 되는 것이 아닐까 하는 생각이 든다.

그런데 가만 있자, '청춘의 한(恨)' 같은 말은 착취도, 약탈도, 억울함도 없지 않은가. 그러니 '되돌아갈 수 없는 지난날에 대한 그리움'이 곧 한(恨)이 된다는 말인지도 모른다. 지금 이 순간에도 소리꾼 C씨는 누에가 실을 뽑아내듯이 어느 강촌, 어느 무대 위에서 이 민족의 한(恨)을 노래하고 있을 것이다.

(2015. 3.)

# 사람 냄새

한국 E여자대학교에 근무할 때였다. 하루는 대학 후문에서 시내로 가려고 택시를 탔다. 내가 차에 오르자마자 늙수그레한 택시 기사가 느닷없이 "선생님한테서 노인 냄새가 나네요." 하는 게 아닌가. 이 말을 듣는 순간 나는 날아오는 축구공에 뒤통수를 한 방 얻어맞은 것처럼 할 말을 잃고 멍하니 앉아 있었다. 비록 내게서 노인 냄새가 난다 해도 나는 자기 손님, 꾹 참고 아무 말도 않는 게 기사의 예의가 아니겠는가. 그런데 이 기사는 어느 향수 회사 선전원인가, 거침없이 말을 쏟아 놓는 것이었다.

나는 캐나다에서 30년 가까이 교직생활을 하는 동안 입에서 나는 냄새는 물론, 옷에서 풍기는 냄새에도 여간 신경을 쓰고 살아온 게 아니다. 한때는 입에서 나는 냄새는 양치를 게을리 해서 그런 줄 잘못 알고 하루에 양치질을 열 번 넘게 한 적도 있다. 그러니 김치나 된장같이 냄새가 독특한 음식은 주말이 아니고는 좀처럼 입에 대질 않았다. 이렇게 냄새에 신경을 쓰다가 냄새의 천국 한국엘 가서 처음 며칠은 아침에 출근 버스에 오르면 실로 형용하기가 어려운 여러 가지 아로마(aroma)가 나를 질식시키다 시피 할 때도 있었다. 버스에 오른 승객들의 그날 아침 식단의 90%는 알아맞힐 수 있을 것 같았다. 이 옆 승객은 생선구이, 저기 저 승객은 김치찌개, 저쪽에 앉아 있는 노인은 마늘종….

이렇게 냄새를 풍기지 않으려고 30년 넘게 무취성(無臭性) 식단을 지키며 '문화적 노예생활'을 해 온 것만도 원통한데 노인 냄새라니! 나이 어린 여학생들 앞에서 노인 냄새가 난다면 유배를 와서 사약(賜藥)을 두 손으로 떠받들고 있는 종이품(從二品)의 대신 꼴이 아니겠는가. 바로 그날로 아내에게 얼굴에 바르는 크림과 향수를 사 달라 부탁해서 아침에 출근할 때면 얼굴에 크림으로 도배를 하고 집을 나서곤 했다.

사람이 생각하는 데 있어서는 한국이나 일본, 중국을 대표하는 동양과 캐나다, 미국, 영국을 대표하는 서양 간에 뛰어넘을 수 없는 뚜렷한 차이가 있음을 보여 주는 자료가 심심찮게 눈에 띈다. 그러나 냄새는 생리적인 현상이라서 그럴까, 양(洋)의 동서에 아무런 차이가 없는 것 같다.

나는 가끔 이런 공상을 해 본다. 노인 냄새 대신 사람도 사향(麝香)노루처럼 오묘한 향기를 내뿜을 수는 없을까. 그게 가능한 날이 온다면 사람이 악한 마음을 품으면 불쾌한 냄새를, 착한 생각을 하면 향기를 풍길 수 있도록 만들 수도 있을 것이다. 착한 생각을 하는 사람들이 많은 나라에 여행이라도 가면 어딜 가나 그윽한 향기가 진동을 할 것이고, 악한 생각을 품은 사람들이 많은 나라에 가면 고약한 냄새가 여행자를 괴롭힌다고 상상해 보라. GNP니 GDP니 하는 경제 지수가 무슨 필요가 있으랴, 사람 몸에서 풍기는 향기 하나로 그 나라가 지옥인가 천당인가를 순간적으로 판단할 수 있는 것을!

그러나 불행하게도 우리는 마음을 키나 몸무게를 재는 것처럼 직접 측정하지는 못한다. 사람의 행동을 보고 그 행동 뒤에 있는 마음을 추정할 수 있을 뿐이다. 예로, 사람을 칼로 찌르거나 남의 물건을 빼앗아 가는 행동을 보고 우리는 그 행동을 하는 사람의 마음이 악하다는 추측을 한다. 자동차에 인공기를 달고 가면 그 사람이 북한을 숭모하는 사람이라고 추측을 한다. 그러니 겉으로는 웃고 있으나 속마음은 음흉한 생각을 품고 있는 사람을 두고 사교적이니 친화력이 있는 사람이니 떠들 때가 있다. 행동을 보고 속마음을 추측하는 데서 오는 잘못 때문이다.

나도 비슷한 잘못을 저질러 볼까. 내 생각에 아마도 다음을 노래한 시인은 향기로운 냄새를 풍기는 사람이지 싶다.

나비야 청산 가자 범나비 너도 가자
가다가 저물거든 꽃에 들어 자고 가자

꽃에서 푸대접하거든 잎에서나 자고 가자

위의 마흔여섯 자의 노래를 읊은 시인은 어떤 사람일까. 나와 처음 마주쳤을 때 빙그레 웃으며 손을 내밀고, 내가 그의 마음에 들지 않는 엉뚱한 이야기를 늘어놓는다 해도 또 한 번 빙그레 웃고 말 것이다. 이 사람은 틀림없이 향기로운 냄새를 풍기고 다니는 사람—. 구름 따라 물 따라 떠다니는 운수행각(雲水行脚)의 방랑자인가. 그는 산과 들에서도 여유롭고, 돈 많고 권세 높은 사람 앞에서도 여유롭고 태평일 것이다. 이렇게 보면 사람의 냄새니 향기니 하는 것도 결국에 가서는 각자가 풍기는 개성이랄까 인격을 두고 하는 말은 아닐까.

(2015. 4.)

# 눈물을 흘리며

남의 일에 울어 본 적이 있는가. 젊었을 때는 영화를 볼 때나 슬픈 장면을 보면 나도 모르게 눈에 눈물이 고이곤 했다. 그러나 나이가 들면서부터는 감정이 메말라져서 그런가, 눈물이 고이는 횟수가 많이 줄어들었다.

내 나이 인생 중반을 벗어날 무렵, 남의 일을 보고 내 눈물샘 바닥이 드러날 정도로 하루 종일 눈물을 달고 산 적이 있다. 이야기는 이렇다. 벌써 30년은 넘었지 싶다. 캐나다 대학의 여름방학을 이용하여 대구에 있는 D대학에 가서 집중 강의를 하고 오던 때였다. 어느 해 늦은 봄이었다. 정부의 남북 화해 정책의 하나로 이산가족 상봉이 있었다.

1950년 한국전쟁이 일어나서 그 난리 중에 서로 헤어진 후, 생사를 모르고 꿈에나 그리워하던 가족들이 다시 만나는 장면을 연일 텔레비전에서 생방송으로 쏟아 내고 있었다. 감동적이라기보다는 처절하다는 말이 더 어울리는 말인 것 같았다. 나는 텔레비전 앞에서 커피를 마시다가도 울고, 밥을 먹다가도 울고, 식구들과 한담을 하다가도 울고, 전화를 받다가도 울고, 울고, 울고, 또 울고, …. 거기에는 아무런 체면이나 부끄러움도 없었다. 지금 생각하니 그렇게 공개적으로 울어 본 것은 내 평생에 처음이었고 앞으로도 없지 싶은 생각이 든다. 물론 내 경우 이북에 계신 형님과 장인어른이 생각나서 더 뜨거운 눈물을 흘렸을 것이니 순전히 남의 일을 보고 울었다 하기에는 약간의 무리가 있지만—.

시인 C는 눈물은 인생의 지하수, 인생의 값어치는 눈물의 무게라고 했다. 헤어진 지 30년. 남과 북으로 떨어져서 죽었는지 살았는지 소식조차 듣지 못하고 살던 가족이 서로 만나 아버지, 어머니, 형님, 누나를 부르며 어린아이처럼 엉엉 소리 내어 우는 장면을 보고 눈물 한 방울도 떨구지 않는다면 그 사람 정서에 문제가 있다고 생각되지 않는가. 나는 이런 사람들에게는 주저 없이 '정서적 변비증' 환자라는 딱지[label]를 붙이고 싶다.

눈물의 선제 조건은 공감이다. 공감이란 무엇인가? '가슴에 와 닿는다'거나 '나도 마음이 슬퍼(기뻐)지더라'는 생각이 들면 공감이 형성된 것이다. 그러니 공감 능력이 많고 적음은 그 사람 마음의 온도와 밀접한 관계가 있다. 자기와 가까운 사람이 불행한 일을 당했을 때 심리적 동요를 더 크게 받는 것은 공감 때문이다. 공감 능력에는 개인차가 크다. 예수나 석가, 수녀 테레사

(Theresa) 같은 성인들은 생판 모르는 사람이 곤경에 빠져서 허우적거리는 것을 보고 자기 일인 것처럼 눈물 흘리고 가슴 아파한다. 한마디로 '너'와 '나' 사이에 경계선이 없다는 말이다.

언젠가 우리가 사는 콘도미니엄 아래층에 사는 H형네서 빌려온 KBS의 '가요무대'를 눈물을 글썽이며 본 적이 있다. 이 '가요무대'는 1960년 중반에 독일로 간 간호사와 광부들을 위문하기 위해서 KBS가 독일에서 녹화한 것. 청중 대부분이 꽃피는 청춘 20대에 독일에 가서 어영부영 바쁘게 살다 보니 어느새 50년 세월이 구름 저쪽으로 가 버리고 7,80대 늙은이가 된 것이다.

노래를 부르는 가수들도 이 감격적인 청중들 앞에서 그야말로 젖 먹던 힘을 다해 열창을 하는 것이 인상적이었다. 보통 노래를 부를 때 좋은 인상을 남기려고 얼굴에 배시시 꾸며내는 모나리자의 묘한 웃음은 말끔히 가시고 울먹이는 표정으로 진지하게 노래를 부르는 것을 보니 나도 눈물이 났다. 20대 찔레 순 청춘에 독일에 가서 어느덧 백발의 늙은이가 된 청중들이나, 태평양을 날아 캐나다 땅에 와서 칠십 중반의 늙은이가 된 내 신세와는 아무런 차이가 없는 것이다.

나는 청춘의 막을 내린 지가 오래다. 이제 내게는 폭풍우 몰아치던 청춘 시절도, 이름 있는 학자를 꿈꾸던 중년 시절도 지나갔다. 이제는 웃을 일이고 울 일도 그다지 많지는 않을 것이다.

… 우는 것은 반드시 까닭이 있는 법
나그네 심정 놀라게 하네
나그네 심정 또한 같은지라
그 울음 나는 시(詩)로 쓰네
(所鳴果有事 … 其鳴以詩成)

예순셋 나이에 추사(秋史) 김정희와 친하다는 이유 하나로 임자도에 유배를 간 조선 후기의 화가 우봉(又峰) 조희룡의 눈물이다. 우봉 말이 맞다. 우는 데는 무슨 이유든 반드시 이유가 있는 법. 이유는 대부분 하늘을 우러러 탄식하고픈 억울한 사연일 것이다. 남과 북으로 갈라져 부모 형제를 그리워하는 것도 억울한 사연이요 청춘에 독일로, 캐나다로 와서 백발이 다 될 때까지 뭉그적거린 것도 알고 보면 억울한 사연이다. 그러나 그 억울한 사연의 이유를 들자면 살아남기 위해 발버둥 쳐본 죄밖에는 없다.

(2014. 2.)

# 와! 노벨 문학상이다

올해로 여든두 살 되는 캐나다 빅토리아에 살고 있는 앨리스 먼로(Alice Munro)라는 서점 주인이 2013년 노벨 문학상을 받게 되었다. 캐나다 사람들이 냉랭해서 그럴까, 아니면 우리가 폭발의 진원지에서 너무 멀어서 그 감정의 여파를 느끼지 못해서 그럴까. 캐나다 사람들은 별 반응 없이 무덤덤한 표정이다. 내 생각으로는 노벨 문학상이나 평화상 그리고 1969년에 첨가한 경제학상은 물리학이나 화학, 생리/의학 같은 다른 분야에 비해 좀 권위가 떨어지는 것 같다. 그렇다고 한국 어느 시인처럼 자신이 노벨상을 받겠다고 발버둥 친다고 주어지는 상은 절대 아니다.

한국 같았으면 당장 수상자의 현재나 부모부터 시작하여 친가는 물론 외가까지 5대,6대를 거슬러 올라가며 문학적 재능의 DNA를 찾아내느라 난리를 칠 것인데―. 이름이 잘 알려지지 않은 사람이 노벨상을 받게 됐다니 모든 것을 돈으로만 생각하는 한국 사람들 중에는 틀림없이 모종의 어두운 뒷거래, 이를테면 캐나다에서 노벨상 위원들에게 막대한 돈을 뿌리지나 않았을까, 저질스러운 의심을 하는 사람들이 많을 것 같다.

이 노벨 문학상의 영광은 내가 캐나다 땅에 발을 디딘 지 48년 만에 들어보는 가장 부담 없고 순수한 기쁜 소식. 더군다나 먼로 여사가 캐나다 온타리오 주 윙햄(Wingham)이라는 작은 마을에서 태어나서 클린턴(Clinton)이라는 비슷한 크기의 마을로 옮겨 가서 거기서 자랐고, 대학도 내가 교단에 23년간 섰던 웨스턴 온타리오대학교 언어학과를 졸업했다 하니 내 마음은 그에 더 가깝고 편안하다. 앞으로는 누가 나보고 "어느 대학에서 가르쳤느냐?"고 물으면 노벨 문학상 수상자 앨리스 먼로가 졸업한 대학이라고 대답하면 어떨까 하는 생각도 들었다. 그러면 내가 몸담았던 대학교의 위상이 조금이라도 올라갈 확률이 높아감은 물론 덩달아 내 위상도 조금….

먼로 여사는 18살 대학생 때부터 단편 소설을 발표했고, 지금까지 모두 14권의 단편 소설집을 펴냈다. 그러나 ≪뉴요커(The New Yorker)≫의 전설적인 이름의 편집인 샨(William Shawn)은 옛날에는 먼로 여사의 작품은 너무 "언어가 조잡하고 거친 데"가 많은 이유로 신기를 거부한 적이 있다고 말했다.

지금까지 캐나다 태생으로 노벨 문학상을 받은 작가는 두 사람인데, 먼저 퀘벡 주에서 태어난 솔 벨로우(Saul Bellow)는 아홉 살 때 미국으로 건너가서 그 나라에서 평생을 살았으니 법적으로는 캐나다 사람이 아니다. 그러나 먼로 여사는 어느 모로 보나 캐나다 토종. 어려서 동네 커뮤니티 센터에 드나들며 스케이팅, 테니스, 수영을 했고, 캐나다 연합교회를 다녔으며 '캐네디언 타이어'에 가서 자전거도 샀으니 순도(純度) 100의 캐나다 산(産)이라 할 수 있겠다.

캐나다의 작가 보이든(J. Boyden)은 자기 학생들이 단편 소설을 구상할 때 지켜야 할 점으로 설명을 너무 많이 하지 말 것, 또 서설은 주인공 한 사람의 견해를 전개하는 것이니 보통 6,000자 이내에서 끝낼 것을 충고한다는 것. 그러나 "먼로 여사는 내가 따르라는 모든 충고는 일체 무시해 버리는데도 내가 읽는 단편 중에는 가장 뛰어난 작품을 내놓은 작가"라고 부러워한다.

우리는 이미 이름이 널리 알려진 사람의 작품이나 상을 받은 사람의 작품에만 너무 집착하는 독서 경향이 있다. 별로 권장할 독서법은 아니다. 한국에서는 많은 문학상이 소수의 집단이 자기네들끼리 "이번에는 내가, 다음에는 네 차례" 식으로 서루 나누어 가진다는 말을 여러 번 들었다. 상을 받기 위한 치열한 자기선전 내지 로비의 결과라는 것을 생각하면 상이란 것도 그다지 부러워할 것은 아니라는 생각이 든다. 어떻게 보면 이런 풍토에서는 노벨상도 돈으로 살 수 있다는 생각을 하는 것은 당연하지 싶다.

노벨 문학상은 여간 부러운 게 아니다. 이제 먼로 여사에게 남은 것은 그 황홀한 찬사에 손 흔들어 답례하는 일뿐이다. 그가 태어난 윙햄에서는 먼로 여사가 "우리 동네에서 태어났다."고 야단일 테고, 그가 소녀 시절을 보낸 클린턴에서는 먼로 여사가 이 동네에서 친구들과 자전거 타고 수영하고 뛰놀던 곳이라고 방송해 댈 것이고, 웨스턴 온타리오(Western Ontario)대학교 노벨 문학상 수상자 먼로 여사가 '우리 대학교 언어학과 출신'임을 자랑할 게다. 뿐이랴, 캐나다 중·고등학교에서는 그의 단편 소설 읽기에 분주할 것이고, 출판사는 그의 책 찍어 내기에 바쁘고, 세계 여러 대학교에서는 다투어 그에게 명예박사 학위를 수여하려 들 것이다. 그의 이름을 빌린 도로와 건물, 문학관과 동상도 세워질 것이나, 이들은 내가 죽고 10여 년 후에 생길 일들이다. 작가 램버트(S. Lambert)의 말처럼 이번 노벨 문학상은 먼로 여사의 정서적 용기, 삶에 대한 진지성, 대인 관계에 있어서 진실과 겸손, 내부에서 치솟는 불가사의한 문학적 욕구랄까 힘의 덕분이다. 브라보, 먼로 여사!

(2013. 10.)

# 얄팍한 민주주의

2015년 3월에는 토론토 교민 사회에서 한인 회장 선거가 있었다. 회장 후보는 두 사람. 한 사람은 소위 말하는 1.5 세대로 어려서 부모를 따라 캐나다에 이민을 와서 중·고등 대학을 마치고 자기 전공 분야에서 일하고 있는 40대 L씨. 또 한 사람은 이민 1세로 한국에서 대학을 마치고 직장에서 일을 하다가 이민을 온 60대 사업가 C씨였다.

선거 사무소에서는 지지하는 후보자에게 한 표를 던지려면 자기가 한인 사회의 멤버라는 사실을 증명해야 하니 선거 날 반드시 본인 사진이 들어 있는 신분증, 한국 같으면 주민등록증을 꼭 가지고 와야 한다는 알림 광고를 신문에 실었다. 선거에 참여할 유권자들은 미리 등록을 마친 상태. 이 상황에서 선거 날이 가까워 오고 선거 운동이 점점 뜨겁게 되자 선거 관리 위원회에서는 투표할 사람은 한국 여권이나 캐나다 여권을 투표장에서 내보여야 한다는 의견을 내놨다. 그러나 이 의견은 반대하는 사람들이 많아 곧바로 취소되고 말았다.

투표장에 여권을 가지고 오라는 신문 기사를 처음 보는 순간, "참, 할 일 없는 사람들도 많구나. 한인 회장 하나 뽑는데 여권이 왜 필요할까?" 하는 생각이 들었다. 아무리 그럴 듯한 말로 포장을 한다고 해도 투표를 할 때 여권까지 내보여야 한다는 것은 사람을 못 믿기 때문에 생긴 요구에 지나지 않는다.

이 작은 한인 사회, 고국의 독재를 걱정하며 어떤 압력, 어떤 간섭도 받지 않으며 우리끼리 다정하게 살아 보자는 한인 사회에서 한인 회장 선거에 여권까지 내보이라는 것은 "당신을 못 믿겠다."는 생각 말고 또 무슨 생각을 할 수 있을까.

그러면서도 우리는 민주주의가 성행하는 캐나다 같은 나라에 사는 것을 큰 행운으로 생각한다. 이 위에 우리 스스로도 민주사상에 축축이 젖어 들었다고 생각한다. 그러나 헤겔(Hegel) 말마따나 인간은 필연적으로 모순을 내포하고 있어서 이 두 가지가 조화·통일되어 가는 것이 현실이요 사고 과정으로 볼 수 있다. 그러니 우리 마음에는 자유와 민주사상에 대한 갈망이 있는 반면 그 반대 사상, 즉 독재에 대한 욕망도 가시지 않고 있는 것이다.

사람들이 모인 자리에서 오가는 대화에 귀를 기울여 보면, "한국같이 시끄럽고 말 많고 혼탁한 사회는 이대로 가면 안 되니, 박정희 같은 사람이 나와서 확 쓸어버리고 잡아 갈 놈 잡아 가고 풀어 줄 놈 풀어 줘서 나라의 기강을 바로잡아야 한다."는 주장을 하는 것을 듣는다. 이런 말을 하는 사람은 박정희 군사 독재 시절을 그리워하는 것이다. 사회에서 말썽 부리는 사람은 모두 잡아 가두고 위에서 내려오는 모든 결정을 충성스럽게 실천만 하면 좋은 시민으로 보는 것이 전제주의 사회가 아닌가. 우리가 오늘날 이처럼 시끄럽고 질서가 없는 것도 독재적 위정자 밑에서 살다가 그 독재가 물러가고 민주 정권이 들어서면 필연 시끄럽고, 말 많고, 질서가 없는 사회가 된다는 것을 깨닫지 못하고 홧김에 내뱉는 말 같다. 처음부터 말이 없고 모든 일에 질서가 잡힌 민주주의는 없다.

교민 회장 한 사람 뽑는데 건강 카드나 운전 면허증 말고도 여권까지 보여 달라는 것도 알고 보면 '믿을 놈 하나 없다.'는 마음속에 숨겨 둔 생각이 일사불란의 질서를 요구하는 독재 체제의 생활 경험과 맞물려 나온 것임을 알 수 있다. 우리끼리 모여 사는 한인 사회 멤버들도 이렇게 못 믿으면서 본국의 어지럽고 위선이 날뛰는 정치 풍토를 걱정한다. 천 번은 더 들었을 성경 말씀, "남의 눈에 든 티끌은 보여도 네 눈에 든 들보는 보지 못하느냐?"는 말은 이 경우를 위해서 나온 말인 것 같다.

여권을 보여 줘야 한다는 계획이 취소되었으니 다행이다. 애당초 이런 생각이 나왔다는 사실만으로도 대단히 부끄러운 일이다. 이러다가는 앞으로 여권에다가 호적등본 1통씩 준비하라는 말이 나올까 걱정이다. (2015. 4.)

# 우리말

글보다 말이 먼저 나왔다는 것은 어느 인간사회나 마찬가지인 것 같다. 27년 전에 〈우리글 바로 쓰기〉라는 좋은 책을 남기고 간 이오덕 님을 따르면 우리 조상들은 까마득한 옛날부터 초원을 갈아 밭을 일구고 씨를 뿌려 거두어 먹고 사는 농사꾼이었다. 산과 들, 마을과 고개 이름을 짓고 땔감과 과일을 줍고 개천에 사는 물고기를 잡으면서 이들에 필요한 여러 가지 말들이 생겨났다는 것이다. 그러니까 모두가 농민의 말이었다는 것.

그러다가 다른 사람들보다 재산을 더 많이 가진 사람들이 나오고 문자를 쓰는 지식인들이 나왔다. 곧 나라가 생기고 벼슬아치가 생겼다. 이들 벼슬아치들은 글을 모르고 소박하고 착한 농사꾼 앞에서 이들을 호령하며 떵떵거렸다. 이들은 자기들만이 안다고 뽐내는 문자, 즉 글을 통하여 농사꾼의 모든 행동을 통제하게 되었다.

언제부터인지는 잘 모르겠으나 중국의 한문이 들어와서 벼슬아치와 배운 사람들 사이에서 쓰이기 시작했다. 물론 보통 사람들은 대부분 이 중국문자를 이해하지 못했다. 어릴 때 어머니가 내게 들려주신 이야기, 벌써 여러번 써먹은 이야기지마는 또 다시 한번 하겠다. 이야기는 이렇다.

하루는 호랑이가 어느 마을에 사는 선비의 아들을 물고 산으로 달아났다. 유식한 이 선비는 동네 사람들에게 다급한 목소리로 외쳤다.

원산호근산래(遠山虎近山來 : 먼 산에 있는 호랑이가 가까운 산에 와서)하야/ 가아생포거(家兒生捕去 : 우리집 아이를 물어갔으니)하니 / 오호통재(嗚呼痛哉 :아 슬프고 원통하도다)로다/ 지봉자지봉(持棒者持棒 : 몽둥이를 가진 자는 몽둥이를)하고/ 지부자지부(持斧者持斧 : 도끼를 가진 사람은 도끼를 가지고)하고/ 속래(速來 : 빨리 오라)하라. 무식한 농부들이 이런 유식하기 짝이 없는 말을 알아들을 리가 있겠는가? 우물쭈물하는 동안 호랑이는 아이를 물고 산으로 가서 냠냠 별식을 끝내버렸다.

나중에 이 이야기를 전해들은 고을 원님은 그 선비가 한 짓이 너무나 얄밉다는 생각이 들어 선비를 잡아다가 볼기를 치면서 꾸짖었다.

"이놈, 네가 알면 얼마나 안다고 유식한 문자를 쓰다가 네 아이를 죽였지 않느냐." 아픔을 견디지 못한 선비는 부르짖었다.

아지둔(我之臀 : 아이고 내 궁둥이야)아/ 차후불용문자(此後不用文字 : 이후에는 절대로 문자를 쓰지 않으리로다)로다!

나라운명이 기구하여 우리나라가 일본의 식민지로 있을 때가 있었다. 시간으로 보면 36년이지만 360년이나 되는 것처럼 일본말을 우리 사회 구석구석 깊숙이 파고들었다. 오늘날까지도 어떤 분야, 이를테면 건축분야에서는 일본말 찌꺼기가 많이 쓰인다. 신문이나 방송, 언론에서 예사로 쓰고 이는 '오월에의 초대'니 '어느 노 배우와의 인터뷰' '나의 집 정원' 같은 데서 공연히 '의'를 집어넣는 것은 일본 말이 남기고 간 찌꺼기에 지나지 않는다.

말은 곧 그 나라의 혼(魂)이요 정신이다. 우리말은(우리 정신을) 빼앗아 가려고 한 일본을 두고 일본이 식민지 조선의 근대화에 도움이 되었느니 아니니 쓸데없는 말다툼을 하고 있다.

해방과 더불어 일본 말이 물러가고 영어가 들어왔다. 우리는 처음에는 영어를 받아들이는 데 약간 머뭇거렸다. 그러다가 1950년 한국전쟁의 시작과 함께 영어와 미국 풍습은 거대한 파도가 되어 우리를 덮쳤다. 영어는 이제 우리 생활 구석구석에 배어 들어와서 "아침 잡수셨습니까?" "밤새 안녕히 주무셨습니까?" 같은 정겨운 인사는 밀려나가고 "좋은 하루 가지세요." "나는 이런 생각을 가지고 있습니다."(생각은 하는 것이지 가지고 있는 것이 아니다.) 같은 영어를 바로 옮긴 말들이 유행하기 시작했다. 그 중에는 온전한 영어가 아닌 영어를(예 : 멘트) 주저 없이 써대는 사람들이 있는가 하면, 북미대륙에서는 들어보기가 힘든 말, 이를테면 서머리에이(sommelier : 고급 식당의 포도주 담당웨이터) 같은 말을 그것이 무슨 유식의 상징인양 입에 올리는 것을 보면 웃음이 터져 나온다.

한 나라의 말이 외부의 영향을 받지 않고 지낼 수는 없다. 그렇다고 될 대로 되라고 그대로 버려둬서도 안 된다. 언젠가 남한에서 북한은 우리말만 쓰기를 권장한다고 나무라던 적이 있던 것을 기억한다. 잘못하면 종북 세력이라고 비난받을지 모르겠지만 나는 북한의 한글정책에서 배워야 할 것이 한두 가지가 아니라고 생각한다. 서울대학교 국문과 심재기 명예교수가 펴낸 책 〈남북통일 말사전〉을 보니 예쁘고 정답게 들리는 우리말이 많이 눈에 띄었다. 산책로는 거닐 길, 개간지는 일군 땅, 야행성 동물은 밤동물, 수면제는 잠약으로 되어있었다. 이들은 모두 한문으로 된 단어를 우리말로 바꿔 놓은 것들이다.

우리말이 이 지경이 된 데는 몇몇 사람이나 기관, 혹은 몇몇 단체만이 책임질 일은 아니다. 교육부의 책임도, 대학 국문과의 책임도 아니다. 내 생각으로는 우리말을 오염시킨 장본인들은 말이나 글을 써서 생계를 유지하는 사람들, 이를테면 대학에서 강의를 하는 대학 선생들이나 신문, 방송 등 언론기관에서 일하는 사람들이라고 생각한다. 이들이 신기하고 멋있는 외국말이라고 가져와서 마구 우리말과 섞어 쓰지만 안했어도 이 정도로 오염되지는 않았을 것이다.

한문, 일본말, 영어가 우리의 생각을 어지럽히고 있다. 이러다가는 우리나라에 앉아서 '우리 말 쓰는 날'을 제정하는 날이 올지도 모르겠다.

(2015.)

Chapter 5

# 붓 가는 대로 마음 가는 대로

살어리 살어리랏다
청산에 살어리랏다
멀위랑 ᄃᆞ래랑 먹고
청산에 살어리랏다

고려속요 청산별곡을 적어 주인 넘
울작별하나 그 체는 훈민정음체로
하나 도천 이동렬

# 살어리 살어리랏다

묵은해를 보내며 휘호 한쪽과 거기에 따른 짤막한 글 한 편을 보내 달라는 신문사의 청탁을 받고 무엇을 쓸까 생각을 해 봤다. '힘차게' '희망 속에서 웃음을 잃지 말고' '황소처럼 튼튼하게' '인내로 용맹정진' 따위의 듣기 좋은 꽃노래는 여러 번 불렀고, 올해에는 내가 아니더라도 이 말을 하는 사람이 틀림없이 있을 것 같은 생각이 들어서 소재 탐색의 방향을 서정적인 쪽으로 돌렸다. 도덕적이고 훈계적인 말을 피하게 되고, 거기에다 또 밝고 힘찬 것을 빼고 나면 남는 것은 서정적인 구절밖에 더 없는 것이 아닌가.

이번에는 한문 구절은 피할 생각을 했기 때문에 작자 미상의 노래부터 시작해서 옛시조, 현대시를 뒤적였으나 마음에 꼭 드는 것이 눈에 띄질 않았다. 그러다가 어느 날 문득 옆에 쓰인 고려 속요 〈청산별곡〉이 떠올라서 여간 기분이 좋은 것이 아니었다.

금년 봄에 안식년으로 경기도 판교에 있는 정신문화연구원(현 한국학 중앙연구원) 방문 교수로 가 있을 적에 순천대학교 한약재료학과 교수로 있는 Y양의 초청으로 순천엘 가서 순천과 가까운 거리에 있는 담양의 정자골 주위를 돌아다니다가 온 적이 있다. 하루는 순천 송광사에 갔다가 해 질 무렵에 그 절 뒤에 있는 법정(法頂) 스님이 기거하던 불일암에 들렀다. 불일암은 ≪서 있는 사람들≫ ≪영혼의 모음≫ 등을 비롯한 명저의 산실(産室)이 된 곳이다.

주인은 가고 없는 빈 뜨락 밑으로 후박나무가 한 그루 서 있고 스님이 거처하던 허름한 한 일(一) 자 건물 벽에는 〈청산별곡〉을 적어서 걸어둔 현판이 하나 눈에 띄었다. 이런 산속에 〈청산별곡〉 같은 노래가 벽에 걸려 있는 것이 하나의 공해(公害)가 아닐까 하는 생각이 들 정도로 사방은 티 없이 맑고 무덤 속 같은 정적이 깔려 실로 묘한 기분에 사로잡혔던 생각이 난다.

〈청산별곡〉은 모두 8절로 고려시가에서 공통적 주제인 생(生)에 대한 체념과 고독, 탄식과 허무, 은둔과 비애를 읊은 애절한 노래다. 깊은 산속과 바닷가 어디를 헤매도 이 마음의 공허를 메울 길이 없으니 덜 된 술이라도 마시고 싶다는 탄식으로 끝을 맺는다. 그러나 〈청산별곡〉은 애처로운 노래만은 아니다. 김희보

님의 말처럼 이 애달픈 사연에는 해학이 있고, 우수의 일면에는 낙천적이고 명랑한 기조가 있어서 실로 유연한 정조(情調)가 감도는 그런 노래다. 마치 〈아리랑〉을 슬프게 부르면 두 눈에 눈물이 고이도록 슬픈 노래가 되지마는 힘을 넣어 부르면 봄날 소풍 길에 나선 것같이 신바람이 나는 그런 노래가 되는 것처럼—.

있는 사람이나 없는 사람, 기쁨에 차 있는 사람이나 슬픔에 우는 사람, 늙은 사람이나 젊은 사람, 우리 모두가 한결같이 그리워하는 것은 그 '청산에 살어리'가 아닐까. 무의식 속에서 한 세월 잊혀져 있다가 그 어느 날 하루 의식세계로 조용히 부상(浮上)한 하나의 희원(希願), 그것이 바로 우리의 〈청산별곡〉인 것이다. 꿈속에서 맞았던 새해 무인년, 또 울며 웃으며 묵은해로 보낸다. 잘 가거라.

청현산방 주인 도천

꽃이피
고지기
또한해
평생에
둥근달
몇번이
나볼까

花開
花落
又一
年
平生幾
見月
常圓

송구영신의 감회를
붓끝에 실어본나
진청우인 이동철

# 운명아 비켜라 내가 간다

대견한 일이라고 드러내 놓고 말할 것은 못 되지만 정년이 가까워 오면서 강의실로 향하는 내 발걸음이 점점 느려간다. 그만큼 방학을 기다리는 심정이 간절하다는 말이다. 다행히 나를 구제해 주는 것은 세월이랄까, 물 흐르듯 떠내려가는 시간이다. 9월에 학기가 시작되는가 하면 어느새 중간고사 준비를 해야 하고 또 기말고사를 치르기가 무섭게 크리스마스가 온다.

방학이 왔다고 좋아할 줄은 알아도 세월이 이렇게 빨리 흘러 정년이 다가올 것이라는 것은 모르는 멍청이—. 밤이 되어 두 다리를 뻗고 실컷 잠을 잘 수 있게 되었다고 좋아하는 사형집행을 기다리는 어느 죄수와 같다고 할까. 방학이란 요물은 올 때는 몹시 꾸물거리다가도 일단 와서는 쏜살같이 지나가 버린다. 세월이란 것도 어느 때는 빠르게, 또 어느 때는 느리게 가는 것이니 체감세월이란 말도 성립이 되지 않을까. 젊은 시절에는 세월이 빨리 가질 않는 것이 그토록 한스럽더니 나이 들어서는 너무 빨리 가는 것이 한스럽다. 정년이 가까워 오는 사람들에게는 해가 바뀌는 속도가 점점 더 빠르다는 것을 피부로 느낄 수 있을 것이다.

꽃이 피고 지기

또 한 해

평생에

둥근 달 몇 번이나 볼까

(花開花落又一年, 平生幾見月常圓)

누구의 시구인지는 모르지만 내 기억 속에 남아 있는 이 글귀는 요새같이 세월이 빨리 지나갈 때는 꼭 들어맞는 말이다.

중학교 때는 '나는 언제 어른이 될꼬?' 하는 생각을 많이 했었다. 중학교 1학년 국어 시간에 배웠던 "청춘 이는 듣기만 하여도 가슴이 설레는 말이다."로 시작되는 민태원의 수필 〈청춘 예찬〉을 읽던 생각이 난다. 어른이 되기를 기다리던 나에게는 전혀 공감이 가지 않는, 맛도 재미도 없는 글이었다. 이런 말을 하는 사람은 틀림없이 청춘의 끄나풀을 놓쳐 버린 사람, 청춘은 이미 돌아올 수 없는 강을 건너간 사람일 것이다. 소년 소녀들에게 청춘이 그들 가슴을 설레게 하는 말인가를, 거기에 오래 머물러 있기를 바라는가를 물어보라.

새해가 온다고 떠들던 때가 바로 엊그제 같은데 벌써 그 새해가 저물어 간다. 빠른 세월…. 인지(認知) 상담에 자주 나오는 이런 말이 있다. “이 세상에 슬프거나 기쁜 일은 없다. 오로지 슬프거나 기쁜 생각이 있을 뿐이다.” 그래서 장자는 자기 아내가 죽었을 때 독을 두드리며 노래를 불렀는가. 자고 나면 단기 4337년, 힘줄만 두드러지는 두 주먹을 움켜쥐고 외쳐 보자. “운명아 비켜라 내가 간다.”

계미 세모에
청현산방 주인 도천

# 세월아 가는 세월아

가는 2005년 을유년은 닭의 해이고 오는 병술년은 개의 해다. 을유니 병술이니 하는 말은 나이 든 사람이 아니면 그리 찾지 않는 말이 되어 가나 닭띠, 개띠니 하는 12간지는 상대방의 나이를 격식 있게 묻는 방법도 되기 때문에 아직도 사람들 입에 자주 오르내린다. 2006년은 내 은퇴 년이다. 23년간 재직하던 웨스턴 온타리오대학교를 떠나 99년 9월에 이화여자대학교로 왔는데 벌써 6년 3개월이 후딱 지나가 버렸다. 처음 한국에 왔을 때는 '여기를 두고 어디를 가서 헤매다 왔는고?' 싶더니, 이제는 캐나다 생각이 점점 간절해진다. 돈 떼먹고는 살아도 정 떼먹고는 못 사는 세상. 33년 동안 살아온 정분을 못 잊겠다는 말이다.

그런데 캐나다고 한국이고 간에 문제는 쏜살같이 지나가는 세월이다. 나이를 먹으면서 세월이 점점 더 빨리 지나가는 것은 환각이 아니라 우리의 기억 때문에 일어나는 엄연한 현실이라고 한다.

6년 전 캐나다를 떠날 때는 '이제 드디어 고향으로 가는구나.' 하고 노산 이은상의 시구처럼 '온갖 것 다 뿌리치고' 돌아가는 줄 알았다. 그러나 소원대로 되지 않는 게 인생사, 오는 2006년 5월에는 그처럼 그리워하던 고국도 고향산천에게도 또 한 번 작별의 손수건을 흔들어야 한다. 은퇴를 하면 내가 봉사할 학생들도 없지 않은가.

빙그르 돌고 보면
인생은 회전목마
한 목청 뻐꾸기에
고개 돌린 외사슴아
내 죽어 내 묻힐 땅이
구름 밖에 저문다

어쩐지 오늘은 백수(白水) 정완영 선생의 서글픈 구절이 마음에 들어 송년의 말로 적어 보았다.

# 세월 흘러 40년

'캐나다 한국일보' 하면 김명규요, 김명규 하면 '한국일보'다. 내가 김 사장을 알게 된 것은 1977년 겨울이었지 싶다. 그때 무슨 일로 어떻게 만났는지 생각나지 않으나 본격적으로 알게 된 것은 내가 수필 형식의 글을 써서 신문에 내고 나서였다

동갑이라 그럴까, 우리는 서로 목소리 한 번 높인 적, 얼굴 한 번 찡그린 적 없이 33년을 잘 지냈다. 그는 남의 의견에 귀 기울여 잘 듣고, 또 기발한 아이디어도 많이 내 놓는 사람. 단 둘이 있을 때는 사모님 급 부인들은 얼굴을 붉히며 자리를 뜰 그런 이야기를 우리는 좋아라 아이들처럼 킬킬대며 주고받는다. 이런 금지된 저질 농담에서는 단연코 내가 한 수 위이지 싶다.

이래저래 33년 세월이 후딱 가버렸다. 이제 '캐나다 한국일보'는 일요일을 빼고는 매일 아침 일어나면 대문 앞에 배달되고, 사옥도 엄청 커지고 또랑또랑하고 맑은 눈빛을 가진 젊은이들로 붐비는 신문사가 되었다.

온산이 마른잎으로 가득한데 푸른가지 하나 기운차게 벋쳐있구나

滿山枯葉一枝青

한국일보 창간 사십년을 축하하여 쓰다 도천 이동철

'캐나다 한국일보'가 이렇게 큰 성공을 거둔 데는 김명규 사장의 공이 절대적이다. 그는 명석하고, 인간관계도 부드럽고 남과의 약속에도 비교적 철저하다. 김 사장의 '알고 싶은 욕구'는 가히 전설적이다. 신문사 직원들의 말을 빌리면 김 사장은 결정을 내릴 일이 있을 때는 먼저 그 일에 대해서 읽고 또 읽고 연구하고 깊이 생각한 다음에 결정을 내리는 것이 그의 버릇이라고 한다. 한마디로 읽고 생각하는 CEO란 말이다.

이제 김명규 사장은 창업주, 만세반석 위에 세운 신문사의 경영주가 되었다. 좋은 소식은 나눠 가져야 하는 법. 혼자서만 흐뭇해 하지 말고 한국일보 직원 전부에게 창간 40주년 상여금을 두둑이 주고 나 같은 딸깍발이 서생(書生)에게는 술이나 한 잔 산다면 내 어찌 이를 거절할 수 있겠는가. 滿山枯葉一枝靑(온 산이 마른 잎으로 가득한데 가지 하나가 기운차게 뻗쳐 있구나.) 백범(白凡) 김구의 자서전 ≪백범일지≫에서 빼온 말이다.

(2011. 9.)

극히 짧은 시간 동안 이 세상에 머무를 것이라면 부유하나 가난하나 모두가 즐거움 아니가 입을 열어 웃지 않고 사는 이 바보이로세

石火光中寄此身 隨富隨貧且歡樂 不開口笑是癡人

도천 이동렬

# 2008년 새 아침에

10년 전인가, 옆 글의 일부를 신년 휘호로 쓴 적이 있다. 오늘 재탕(再湯)하는 실례를 저지른 것은 이 시구가 오늘같이 어렵고 혼탁한 시국, 즉 난세(亂世)를 헤쳐 나가기에는 더없이 든든한 말이라고 생각되기 때문이다. 그래서 내 깐에는 멋을 잔뜩 부려 향산(香山) 백거이의 원문도 달아 적었다.

여기 적은 한자 스물한 글자는 어려움을 당해서 한숨이 늘고 전의(戰意)를 잃어가고 있는 우리의 어깨를 흔들어 일깨워 주는 말이다. 지금 이 세상에서 숨을 쉬고 있는 것만 해도 다행이라고 생각하면 그 이외 모든 것은 고개를 숙이고 말 것이 아닌가.

우리는 너무나 자주 지금 이 순간 살아 숨 쉬고 있다는 사실이 바로 행복이란 것을 잊어버리고 딴 데로 눈을 돌리지 않는가. 진정한 행복, 진정한 즐거움은 텅 빈 데 있다고 한 어느 스님의 말이 생각난다. 근하신년.

새해 아침에
청현산방 주인 도천

살아있는 즐거움이 저 언덕에서 아련히 풀피리로 들려오누나

갑신을 보내며 조지훈의 노래 한 도막을 적어 교수신문에 드리나

도천 이동렬

# 살아 있는 즐거움

한국 E여대에 처음 갔을 때 누군가가 '교수 신문'이 나왔으니 보라고 나한테 내밀었다. 받아 보니 이 신문은 한국 대학교에서 일어나는 모든 사건, 교육 정책에 관한 뉴스거리를 싣는 신문으로 대학 교수들이 많이 읽고 있는 신문이다.

이 신문사 사장 L씨는 나의 대학 같은 과 3년 후배. 키가 크고 관운장같이 기골이 장대하여 학창 시절 교정에서 가끔 마주칠 때면 속으로 '이런 녀석이 민주화 데모대 선봉장이 되면 경찰 천 명이 막아도 겁 안 나겠네.' 싶은 생각이 들던 사람이다. 30년 넘게 바다 밖으로 떠돌다가 E여대에 오니 그가 K대학교 교수가 되어 있음과 동시에 '교수 신문사' 사장이 되어 있었다. 무척 반가웠다. L사장도 틀림없이 '증발'해서 없어진 줄 알았던 이동렬이가 어딜 가서 떠돌다가 이제 E여대로 오게 되니 무척 반가웠던 모양.

무슨 글을 쓸까 망설이다가 문득 옆의 용비어천가체로 쓴 조지훈 시구(詩句)가 생각났다. 지훈의 시는 중학교 교과서에 실려 있었기 때문에 국어 시간에 배운 시(詩)다.

사슴이랑 이리 함께 산길을 가며
바위틈에 어리우는 물을 마시면
살아 있는 즐거움이 저 언덕에서
아련히 풀피리로 들려오누나
해바라기 닮아 가는 내 눈동자는
자운(紫雲) 피어나는 청동의 향로
동해 동녘 바다 해 떠오는 아침에
북받치는 설움을 하소하리라 ……

옆에 적은 것은 내가 중학교 다닐 때 외어 둔 것을 지금 생각나는 대로 적어 본 것이다. 그러니 빼먹거나 틀린 것이 있을 것이다. 틀린 것이 있을 수 있다는 것은 번연히 알면서도 그대로 적어 내는 것도 음식으로 치면 별미라면 별미다 싶어 이런 어리석은 짓을 했다.

지금부터 몇 십 년 전에 "사슴이랑 이리 함께 산길을 가며"로 시작되는 이 시의 첫머리 부분이 아무리 애써도 생각이 나질 않아서 이것을 찾고 싶다는 내용의 수필을 써서 신문에 실은 적이 있다. 그때 마침 토론토에 사는 '충남 서천의 천재' N형이 자기가 이 시를 알고 있다며 알려 주던 생각이 난다.

위의 시조를 지은 작자 조지훈은 경상북도 영양군 주실 마을 사람이다. 주실은 60여 호 가운데 약 40 가정 자녀들이 박사 학위를 획득했다 하니 전국에서 박사 학위를 배출한 비율이 제일 높다고 한다. 멀리 일월산을 뒤로 하고 있는 60여 호의 주실 마을은 앞으로는 실개천이 흐르고 문필봉 같은 나지막한 산봉우리들이 얌전하게 자리 잡고 있다. 내가 판교에 있는 정신문화연구원(오늘의 한국학 중앙연구원)에 방문 교수로 가 있을 때 연구원의 정순우 교수가 주실이 퍽 아름다운 마을인데 거기 가면 어째서 이 마을이 조지훈 같은 큰 시인을 낳았는가를 알 수 있다고 한 적이 있다. 그러나 내 심미감(審美感)이 모자라서 그럴까, 나는 정 교수가 말한 만큼 마을이 아름답지는 않다는 생각이 들었다. 그저 다정하고 포근한 마을이라고나 할까.

마음이 울적할 때면 지훈의 시를 외어 보던 이 안동의 숙맥은 물론 나에게 지훈의 시를 알려 준 '충남 서천 천재' N형에게도 종착역은 점점 가까워 온다. 이제는 하루하루 숨을 쉬며 내 가고 싶은 데를 내 힘으로 가는 것도 고맙게 생각하며 살아가려는 욕심뿐이다. 갑신년이 가면 을유년이 오겠지—.

청현산방 주인 도천

단기사천삼백삼십오년유월아그날그손고의감격을에이웃으려

임오 체고
도천 이동렬

# 어느 유월의 감격

사람의 한평생은 웃을 일과 울 일로 가득 차 있다. 성공은 흔히 웃음과 행복을, 실패는 눈물과 실망을 안겨 주는 순간이 될 것이다. 며칠 전에는 어느 장로 한 분이 천당엘 가면 울 일도 슬퍼할 일도 없다고 주장하였다. 너무 기쁜 일 뿐이란 것을 강조하다 보니 한 말인 것 같다. 울 일도 슬퍼할 일도 없다니 그게 무슨 천당인가. 울 일이 있어야 웃을 일이 있고 실망스러운 일이 있어야 감격할 일도 있는 법. 울 일도 슬퍼할 일도 없는 그런 천당에는 나는 별 흥미가 없다.

그런데 우리가 살아가면서 맛보는 감격스러운 순간은 무엇일까. 물론 사람마다 다를 것이다. 어떤 사람은 결혼식을 올릴 때 웨딩마치에 발맞추어 걸어 나오는 순간을, 또 어떤 사람은 입학시험 합격자 명단에서 자기 이름을 발견하는 순간을, 어떤 사람, 나같이 미련한 사람은 밖에 나갔다가 오래오래 참았던 똥을 집에 돌아와서 시원하게 누었을 때를 꼽을 것이다.

나는 지금까지 살아온 날 중에서 가장 감격스러운 순간은 내가 한국 E여대에 가 있던 2002년 6월에 있었다. 남녀가 섹스(sex)를 할 때 여자는 밀려오는 파도처럼 여러 번 연속적으로 클라이맥스(climax)를 느낄 수 있다는 것처럼 나도 여러 날을 두고 연속으로 짜릿한 감격을 맛보았다. 다름 아닌 2002년 축구 월드컵 경기가 한국에서 열릴 때다.

한국은 16강에만 들어가도 체면을 세웠다고 생각했는데 웬걸, 16강, 8강에도 오르고, 또 놀랍게도 4강까지 올라갔다. 그때의 감격과 흥분은 단연코 내 생애의 최고. 하루는 학교에서 일이 늦어 저녁때가 훨씬 지나서 집에 돌아온 적이 있다. 문을 열고 들어서니 이게 무슨 해괴한 광경이냐, 텔레비전에서는 월드컵을 중계하고 있고 아내는 그 앞에서 덩실덩실 혼자 춤을 추고 있는 게 아닌가. 언뜻 이해가 가지 않는 기이한 광경이라 영문을 물었더니 "방금 한국이 골(goal)을 하나 넣었다."는 것이다.

한국이 16강에 들어가고 8강, 4강으로 올라가자 어딜 가나 태극기의 물결로 넘실거렸다. 경기장은 말할 것도 없고 대학, 은행, 우체국, 어디를 가도 태극기다. 누가 시켜서 이렇게 된 것은 아니다. 그야말로 마음속에서 우러난 나라 사랑. 사람들의 얼굴엔 생기가 돌고 서로를 바라보는 표정들이 밝았다.

단군 할아버지가 신단수 아래에서 이 나라를 세운 후 5000년 가까운 세월이 흐르는 동안 국민들의 마음이 이처럼 똘똘 뭉쳐진 적은 한번도 없었을 것이다. 8·15 해방을 생각해 보자. 상당한 수의 친일파들은 해방을 맞아 감격하기는커녕, 속으로는 자기들 친일 행적과 살아남을 일을 걱정하고 있었을 것이다. 6·25전쟁 때 수도 탈환의 감격도 마찬가지다. 전 민족의 축제가 되기에는 국민의 참여도가 너무 낮았다. 4·19 민주 혁명은 일부 민주화를 부르짖는 세력에게, 5·16 군사 쿠데타는 혁명에 목숨을 건 일부 군인 무리에게만 감격의 순간이 될 수 있었다고 보는 것이 타당할 것이다. 그러나 2002년 6월 월드컵 때는 달랐다. 나라 안에 있거나 나라 밖에 있거나, 전라도, 강원도, 충청도, 경상도 삼천리 방방곡곡 어디를 가든, 늙은이, 젊은이, 어린이, 남자, 여자, 좌파, 종북 세력, 우파, 자칭 애국자들, 학생, 군인, 광부, 시장에서 국화빵 만들어 파는 아줌마, 법원에서 유죄·무죄를 가리는 판사, 변호사, 누구 하나 예외 없이 하나로 똘똘 뭉친 생각, 즉 우리가 이기고 만다는 결심과 자신감이 솟아오르는 것을 보는 감격의 순간이다. 브라보(Bravo) 유월!

往事勿追思 追思多悲愴

지나간 일을 생각치 말자 생각하면 자꾸만 슬퍼지느니

봉하마을나
내운강상울
궁구영신의
말로척나
도천 이종철

# 슬픔이 다하면 기쁨이 온다

올가을 한국에 나갔다가 경상남도 진주에 있는 K대학교 심리학과 Y교수의 초청으로 진주에 내려가서 두 밤을 머무는 동안 노무현 전 대통령의 생가가 있는 봉하 마을에 다녀왔다. 봉하 마을은 노무현 씨가 태어난 곳이기도 하지만 그가 대통령 임기가 끝나고 평민 신분으로 돌아가자 이 마을에 돌아와서 어릴 적 꿈을 더듬으며 살다가 비극적인 방법으로 스스로 생을 마감한 곳. 마을 뒤로는 나지막하게 자리 잡은 야산에 그날의 비극을 말해 주는 부엉이바위가 있고 오른편 저쪽으로는 사자바위, 마을 앞으로는 널찍한 들판이 펼쳐져 있는 인구 10여 호의 조그만 마을—.

11월 초순의 늦가을 날씨, 마을 뒷동산의 단풍도 거의 다 떨어지고 앞 들판에는 아직 거두어들이지 않은 벼가 가득 채워져 있어서 농촌 풍치의 아름다움을 더해 주고 있었다. 그러나 내가 지금 발을 디디고 있는 곳이 봉하 마을이라는 것을 깨닫자 새삼 울컥 한줄기 슬픔이 가슴을 치고 올라왔다.

노무현 씨는 대통령 공직 생활을 끝내고 이순(耳順)에 자기 고향 마을로 돌아와서 조용한 여생을 보내기를 원했다. 그러나 이

평범한 소원을 이루지 못하고 스스로 목숨을 끊고 말았으니 그 서러운 인생의 기승전결(起承轉結)에 어찌 동정의 눈물 한방울이 아까우랴.

혹시 신문사에 보낼 송구영신의 좋은 글귀가 있나, 정민 교수가 펴낸 ≪학산당인보기(學山堂印譜記)≫를 뒤적이다가 '往事勿追思 思思多悲愴(지나간 일을 생각하지 말자. 생각하면 자꾸만 슬퍼지느니)'의 10글자가 눈에 띄고 이 10글자는 나를 봉하 마을로 데려가서 손에 붓을 쥐어 주었다.

이 슬픈 글귀가 어떻게 송구영신 감회의 말을 대신할 수 있을까. 이유는 간단하다. 興盡悲來 苦盡甘來(흥이 다하면 슬픔이 오고, 괴로움이 다하면 달콤한 것이 온다.)라면 悲盡興來 甘盡苦來(슬픔이 다하면 흥이 오고 달콤함이 다하면 괴로움이 온다.)의 말도 성립되지 않을까. 기쁨이 슬픔의 시작이요 끝이 되는 것처럼 슬픔도 기쁨의 시작이요 끝도 된다. 해가 바뀐다. 새해에는 천년초(千年草) 한뿌리라도 달여 먹은 것처럼 황소같이 튼튼한 몸이 되어 버티어 보자. —신묘 세모에 청현산방 주인 도천

# 꽃 피고 물 흐르면

몇 주 전에 이강택 중앙일보 편집인이 느닷없이 내 사무실로 전화를 해 신년 휘호를 하나 부탁해 왔다. 이 편집인은 나의 대학 선배가 되는 어른이다. 또한 그가 태어난 곳도 영남 제일향인 안동(安東)으로 나와 동향인 데다 성씨(姓氏)마저 진성(眞城)의 같은 혈통에서 잔뼈가 굵어 온 사람. 요컨대 도저히 서로 괄시하지는 못할 사이다.

내가 벌써 다른 신문사에 휘호를 하나 써 보냈는데 또 내는 것은 남 보기에 모양새가 좋지 않을 것이라고 가볍게 거절하는 빛을 보였더니 올이 듬성듬성한 안동포(安東布) 같이 선(線)이 굵은 그는 "뭘 그걸 가지고 그래…." 하며 한마디로 막아 버렸다. 정(情) 떼어먹는 것이 돈 떼먹는 것보다 죄가 더 무겁다는 불가(佛家)의 말이 있을진대 내 어찌 그의 청탁을 거절하랴.

그래서 이번에는 아내가 붓을 잡고 내가 거기에 맞추어 글을 쓰는, 저서(著書)로 말하면 공저(共著)요, 테니스에 비유하면 복식이요, 노래에 비유하면 듀엣(duet) 형식을 빌려 보기로 했다.

인생살이 속눈물이 무거워질 때는 무심히 대하던 시구(詩句)

水流花開

丙子元旦
美石

하나, 노래 한 구절에도 마음이 흔들리는 법. 수류화개(水流花開), 이 얼마나 좋은 말이냐. 일찍이 당(唐)대의 시인 이백(李白)은 〈산중문답〉이란 제목을 놓고 이런 노래를 읊은 적이 있다.

복사꽃 띄운 시냇물 아득히 흘러가니
분명 여기는 별천지인 것을
(桃花流水杳然去, 別有天地非人間)

그가 수류화개(水流花開) 4글자만 적었어도 물 흐르고 꽃 흐드러진 아늑한 세상을 그리고도 남으련만. 이백같이 빼어난 시인도 10자나 글자를 낭비할 때가 있구나 하는 생각이 든다.

이 길고 음울한 북국의 겨울이 시작되는 문턱에서 수류화개를 입에 올리는 것은 분명 계절 감각을 잃어버린 사람의 망령이라 할 수 있을 것이다.

그러나 기도가 그렇고 염불이 그렇고 갖가지 구호와 주문(呪文)이 그렇듯이 마음속으로 무엇이든지 자꾸 되풀이해서 외우거나 중얼거리면 정말로 몸에 생리적인 변화가 오고 기분이 달라진다는 하버드대학의 벤슨(Benson) 교수가 얼마 전에 내놓은 연구 결과가 있지 않은가.

지상 천국, 살기 좋은 나라로 이름을 날리던 캐나다도 벌써 몇 년 전부터 경제난으로 기업이 부진하고 정부 예산이 깎이고 실업자가 늘어나서 새해가 오는지 마는지 모두들 정신 나간 사람처럼 불안하고 기가 죽은 표정들이다.

설상가상으로 두고 온 고토(故土)에서는 얼마 전까지 만인지상의 자리에서 부귀영화를 한껏 누리던 두 사람이 모두 감옥에 들어가 있고 그처럼 부(富)를 자랑하고 뽐내던 재벌이라 불리던 사람들도 겁이 나서 목을 움츠리고 있는 시국, 도대체 무엇이 어떻게 돌아가는지 알 수가 없는 혼탁한 시국이다.

목숨이 위경에 처한 어부는 하늘의 별을 헤아린다는 어느 시인의 말이 있다. 이렇게 모든 것이 어렵고 어수선한 세상에서야 꽃 피고 맑은 물 흐르고 머리 위로 흰 구름 두둥실 떠가는 그런 산행(山行)이 그립지 않으랴. 감옥에 갇힌 몸으로 바깥세상을 동경하는 어느 죄수의 백일몽을 글로 옮겨 논 것이라 해도 그 심정에 있어서는 한치의 과장도 없었으리라.

시작이 있으면 끝이 있는 법. 새해에는 무엇보다도 모두가 산악(山嶽)같이 우람차고 건강해서 이 역경을 헤쳐 나갈 수 있게 되기를 빈다.

청현산방 주인 도천

仰面問天天示苦

美石

# 하늘 또한 괴롭다 하네

어느 출판사에서 정민 교수의 이름으로 내게 ≪돌에 새긴 생각≫이라는 인보기(印譜記) 한 권을 보내왔다. 책장을 넘기다가 좋은 글귀가 하나 눈에 띄기에 내가 붓글씨로 쓸까 하다가 아내에게 붓을 내밀었다. 나는 글을 짓고 아내는 글씨를 썼으니 이번이 내 평생 두 번째 부부 듀엣(duet)이다. 글귀는 '仰面問天天亦苦(고개를 들어 하늘에 물으니 하늘 또한 괴롭다 하네.)'의 일곱 글자.

우리 기분을 우울하게 만들던 정해(丁亥)년이 우리를 떠난다. 중동에서는 아직도 첨단 무기를 자랑하는 미국 군인들이 이라크 사람들에게 민주주의를 가르쳐 준다며 죄 없는 이라크 국민들을 학살하고 있다. 아프가니스탄에 선교를 갔던 우리 젊은이들은 탈레반에 붙잡혀 고생고생 하다가 두 사람의 목숨을 잃고 나서야 겨우 풀려났다.

모국에서는 대통령 선거로 나라 안 분위기가 말이 아니다. 선거라기보다는 '세계 권모술수 대회' 결승전 같았다. 교민 사회에서는 캐나다 정부가 편의점의 담배, 세금 등으로 눈을 부릅뜨고 호통이니 걱정이다. 수백억 세금을 교묘히 피해 가는 큰 기업들은 가만히 두고 왜 우리같이 몸으로 때우는 피라미들에게만 이렇게 못살게 구는고?

나라 안팎에서 들려오는 소식이 명랑하고 통쾌한 것들이 별로 없다. 해마다 '새해에는 뭐가 달라지겠지.' 하며 기대를 걸었다가는 그 기대가 부질없음을 알고 그래도 또… 하고 기대를 걸어 본다.

정해년 돼지는 가고 무자년 쥐의 해가 온다. 그러나 돼지나 쥐가 다를 게 뭐람. 이렇게 어지러운 세상에 하늘인들 무슨 뾰족한 수가 있겠는가. 우리는 우리 운명의 주인공. 그저 문단속이나 잘하고 고물고물 열심히 살아가는 수밖에 없다.

새해에는 건강에 조심하고 억지로라도 환한 웃음을! 호랑이한테 물려가도 정신은 차려야 한다지 않는가.

청현산방 주인 도천

# 올해는 나의 갑년(甲年)

토끼의 해가 가고 용의 해가 왔다. 용은 12간지(干支) 중 유일하게 상상으로만 존재하는 동물, 아무도 용을 본 사람은 없다. 나는 경진(庚辰)생이니 올해가 나의 갑년(甲年)이 되는 해다.

김포공항으로 가는 길 왼쪽으로 등촌동 국군 통합병원 자리 뒤에 있는 산 밑에 방 2개, 전부 합해도 부잣집 화장실 하나가 될까 말까 한 크기의 작은 셋방을 하나 얻어서 소꿉장난 같은 살림을 차렸다. 서울 같은 대도시에서야 어딜 가도 북적 시끌거리니 조용한 곳을 찾자면 두메산골로 가는 수밖에는 없다. 그러나 우리 셋방에서 백 발자국도 못 가서 야트막한 산이 하나 있으니 그야말로 사막 속의 오아시스라고나 할까. 공기도 시내와는 비교도 안 되게 맑을뿐더러 새벽에 일어나서 산에 오르면 소나무 사이로 새벽달이 둥그렇게 떠 있을 때도 있다.

'등산'을 마치고 집에 돌아와서 텔레비전을 틀면 방송국에서 하루의 방송을 알리는 시그널 뮤직인 애국가가 흘러나온다. "… 가을 하늘 공활한데 높고 구름 없이/ 밝은 달은 우리 가슴 일편단심일세/ 무궁화 삼천리 화려강산 …" 아무리 들어도 우리 애국가의

노랫말은 참으로 충혼(忠魂)이 흘러넘치고, 진솔하며, 문학적이며, 그 멜로디는 장중하고 절실하다.

캐나다에서 서울로 이사 온 뒤로 우리 부부의 생활 주변에서 일어난 변화는 이루다 헤아릴 수 없을 만큼 많다. 그중에서 가장 큰 변화를 꼽는다면 학교 가는 데 대한 내 태도의 변화일 것이다. 캐나다에 있을 때는 월요일 아침이면 학교 가기를 싫어하는 초등학교 학생처럼 학교를 향하는 발길이 느리고 무거울 때가 많았다. 그러나 한국에서는 학교 가는 데 대한 나의 염증은 거의 사라졌다. 바빠서 여행은커녕 시내에 나갈 기회도 그리 많지 않으니 재미나 즐거움이 늘었다기보다는 혐오감이 줄었다고 하는 말이 더 옳을 게다.

학교에서는 새 천년이 오니 모든 것을 전산화해야 한다고 컴퓨터를 쓰라는 '지시'가 내려왔다. 그러나 에헴! 본인은 10년이 넘는 컴맹의 역사를 자랑하는 금세기의 맹구. 전화는 아직도 캐나다에서 20년 넘게 쓰던 로터리식 골동품으로 7, 4, 7같은 다이얼을 돌리는 그 만만디에 중독이 되어 버린 경상도 황소고집. 대학 당국이라고 어찌 쉽사리 이내 고집을 꺾을 수가 있으랴. 그런데 한 가지 다행인 것은 밖에 나가서 문인(文人)들을 만나 보면 나 같은 컴맹이 패잔병처럼 심심찮게 눈에 뜨인다는 사실이다.

새 천년이라고 다를 것이 무엇이겠는가. 변화는 오로지 우리 마음속에 있는 것. 나 같은 멍청이에게야 새 천년이 온다고 무슨 상관이며 헌 천년이 간다고 무슨 상관이랴.

얼마 전에 강원대학교에서 한문을 가르치고 있는 중관(中觀) 황재국 교수가 자기도 세상일 되어 가는 데는 별 관심을 두지 않는다며 내게 무심히 던져 준 시구 '雲去雲來山不爭 花開花落春不關(구름이 오든 가든 산은 서로 다투질 않고, 꽃이 피건 지건 봄은 상관치 않는다.)'가 생각나서 올 용의 해 신년 휘호로 적었다.

용이고, 뱀이고, 지렁이고 건강이 제일이다. 주여, 부처여, 알라여, 건강 주옵소서.

청현산방 주인 도천

# 역동(易東)

역동이란 경상북도 안동군 예안면 부포리에 있는 내 생가(生家)임과 동시에 동네 이름을 가리키는 말이다. 고려 말의 대학자 역동 우탁 선생을 모신 역동서원(易東書院)이 있었다. 조선 말 서원이 헐리게 되자 그 터에 내 고조부께서 역동집을 지었다. 역동 주변은 서원이 있던 자리라 역동 앞을 흐르는 낙동강과 더불어 풍광이 빼어나게 아름답다.

하루는 한국에 있는 조카로부터 역동 집을 대대적으로 보수하겠다는 통지와 함께 "기념될 만한 글 한 편을 써 보내 달라."는 부탁이 왔다. 사는 사람도 없는 빈 집에 그 엄청난 액수의 돈을 들여 보수를 할 필요가 있을까. 문화재로 등록되어 있는 집에 그렇게 대대적으로 손을 대자면 문화재 당국의 허락이 있어야 할 텐데…. 속으로 궁금한 생각이 한두 가지가 아니었으나 조카의 역동집에 대한 향념(向念)이 무척 기특하다고 생각되어 "그렇게 하마." 하고 수화기를 내려놨다. 하루아침에 우리 집 문사(文士)가 된 나는 다음과 같은 시조 한 수를 끄적거렸다.

# 역동

역동

내 고향은 경상북도 안동이고요
나의 집은 예안 부포 역동입니다
봄이 오면 꽃이 피고 새가 울지요

앞 강물은 어제 오늘 천년 흐르고
솔밭 살던 황새들도 떠나갔는데
역동 옛집 마당에는 달빛만 가득

둘째 연(聯) '역동 옛집 마당에는 달빛만 가득'이 너무 슬프다는 의견이 있어서 '옛 생각 물레방아 되어 돌아돌아 옵니다.'로 고쳤다. 그러나 나중에 조카 말이 글자 수(數) 문제로 '역동 옛집 마당에는 달빛만 가득'을 택했다고 한다.

사는 사람 끊어지고 역동집은 폐허가 되어 오늘도 혼자 비바람을 맞고 있다. 역동의 후손들이여, 지나가는 길손이여, 그대들 가슴에 슬픈 감회 말고 또 무슨 감회가 일겠는가.

청현산방 주인 도천

사람과 사괴옴에 신의 말고 더 있는가 외길로 닦은 학문 해갈수록 깊어지니 그 학덕 하늘에 닿아 북두성이 되었네

이화 삼십일년 꿈같이 흘러가고 눈 맑은 제자님들 날날이 우뚝하니 폭포 같은 그 사랑 머리 절로 숙여지네

인생은 녹수 만리 돌아보면 청산인데 쉬었다 가는 길 옛날 안고 가는구나 미리 내 연연한 빛 아 봄날처럼 사옵소서

이영애 교수
퇴운장연에
도천 이용철
짓고 쓰나

# 사람과 사괴옴에

왼편에 쓴 용비어천가체 글씨의 접수인은 이영애 이화여자대학교 심리학과 동료 교수다. 이 교수가 은퇴하기 몇 년 전에 써 두었다가 그가 은퇴하는 날 전해준 것이다. 그녀의 전공은 인지(認知) 심리학. 말수가 적고, 차분하며, 조용하고 이지적 성격을 가지신 분. 그러나 고집 하나는 항우다. 학구파라서 나와 가끔 환담을 할 때 지위와 명예를 좇아 헤매는 교수들 흉도 보곤 했음을 고백한다.

아내가 1960년대 중반에 자기 모교인 서울 E여고에서 교편을 잡던 시절에 이영애 교수는 그 여고 학생이었다. 정확히 40년이 지났으나 아직도 고등학교 때 '우수한 아이 이영애' 이름 석 자를 기억하고 있으니 아내의 기억력을 칭찬해야 하나 이영애가 빼어난 학생이었던 것임을 잊지 말아야 하나? 남편 김정오 (서울대) 교수가 부인 덕을 봤으면 봤지 그 반대는 아닌 것 같다.

내가 이화여대에 있던 6년 반 동안 서로 얼굴 한 번 붉힌 적 없이 서로 사이좋게 지냈다. 이화여대의 터줏대감이던 이 교수는 뒤늦게 캐나다에서 굴러들어온 이 '이민자' 이동렬을 뒤에서 말없이 후원해 주었다. 어허, 유수 같은 세월이여. 그가 벌써 은퇴를 하다니!

이영애 교수의 은퇴를 축하하는 이 노래를 지을 때 내 글씨 스승 일중(一中) 김충현 선생이 지은 시조에서 몇 자 훔쳐 왔음을 고백한다.

사람과 사괴옴에 신의 말고 더 있는가
외길로 닦은 학문 해 갈수록 깊어지니
그 학덕 하늘에 닿아 북두성이 되었네

이화 삼십일 년 꿈같이 흘러가고
눈 맑은 제자님들 낱낱이 우뚝하니
폭포 같은 그 사랑 멀리 절로 숙여지네

인생은 녹수만리 돌아보면 청산인데
쉬었다 가는 길 옛날 안고 가는구나
미리내 연연한 빛아 봄날처럼 사옵소서

# 김포공항 떠난 지가

아래의 시조 글씨를 받은 분은 젊은 시절에 이화여자대학교 무용과 교수로 있다가 지금은 캐나다 토론토에서 조용한 노후 생활을 즐기고 있는 유인희(柳忍姬) 교수다. 그의 팔순 잔치에 내가 지어서 용가체로 써 드린 노래. 그 내용은 다음과 같다.

김포공항 떠난 지가 어제 같은 사십삼 년
구름 밖 떠돌다가 청춘은 지나가고
옛 정 새 인연이 덧없는 꿈이로세

외동 딸 효도할 젠 가신 님 애달파도
손자들 재롱 속에 꽃 피고 새가 운다
청춘이 부러울까 늙음이 서러울까

하늘은 이리도 푸른데 강물은 흘러 흘러
청산 위 저 구름은 인간사엔 뜻이 없고
인생은 낙화유수 들찔레처럼 사옵소서

김포공항떠난지
가어제같은사십
삼년구름밖떠돌
다가청춘은지나
가고옛정새인연
이덧없는꿈이로
세외동딸효도할
젠가신님애달파
도손자들재롱속
에꽃피고새가운
다청춘이부러울
까늙음이서러울
까하늘은이리도
푸른데강물은흘
러흘러청산위저
구름은인간사엔
뜻이없고인생은
낙화유수들찔레
처럼사옵소서

유인희교수칠순
잔치에진성호인
이동철짓고쓰다

유 교수는 나와 한 달에 한 번은 만나서 함께 점심을 하는 어른이다. 이름도 없으니 그저 '점심 먹는 동아리'라고 해야겠다. 유 교수는 말수가 적어서 모임이 다 끝날 때까지 조용히 듣고 있기만 하는 분이다. 나같이 항상 입을 놀리는 사람은 유 교수같이 말이 없는 사람을 대하면 공연히 겁이 덜컥 난다. 그런데 너무나 여러 번 점심을 먹고 헤어지는 것을 되풀이하다 보니 이제는 유 교수 성품을 이해한다고 생각되어서 겁도 안 난다.

그는 60년대에 이화여자대학교에 몸담고 있다가 서울의대를 나온 부군을 따라 이대를 사임하고 부군을 따라 바다 밖으로 근무지를 옮겨 살기 시작했다. 부군 K박사는 10년 전에 작고하였다.

2014년 11월이었던가, 나를 이화여대에 불러간 장상 전 이화여대 총장께서 토론토를 방문한 적이 있다. 그때 나, 아내, 유 교수, 송남순 교수, 장 총장과 아드님, 이렇게 모두 여섯이서 점심을 같이 했다. 선배 교수가 있어 모시고 가니 앞뒤가 말할 수 없이 든든하고 좋았다.

(2015. 4.)

# 바람에 날리는 눈이

H일보 운영을 맡고 있는 김명규 형이 한국에 잠시 나왔을 때 신년 휘호와 거기에 따른 글을 하나 써 보내겠다고 약속했으나 무슨 구절을 쓸까 얼른 생각이 나질 않았다.

올해는 그 유행이 수그러들었다지만 본래 한국에서 신년 휘호를 쓰는 음력 정월은 양력 2, 3월이 되니, '만 리에 봄빛이 가득하다(萬里春).' 따위의 문구도 별 무리가 없다. 그러나 캐나다 같은 데서 정월은 겨울이 본격적으로 시작되는 계절. 이 깊고 깊은 엄동설한에 '만 리에 봄빛'을 들먹이는 것은 분명 현실 감각이 없는 말이 된다. 그래서 생각해 낸 것이 굴원(屈原)의 '飛雪千里(바람에 날리는 눈이 천 리에 이었구나.)' 네 글자다.

나는 재작년 1999년 8월에 34년을 살던 캐나다를 뒤로하고 한국으로 돌아와 새 살림을 차렸다. 그러니 벌써 한국에서 두 번째 새해를 맞는다. "고향이란 따로 있나, 정 들면 고향이지."란 유행가 구절이 있듯이 34년 부대끼며 살던 정(情)은 나도 어쩔 수 없는 것, 대평원을 휘몰아치던 그 비설천리의 장관이 가끔 그리워질 때가 있다. '와도 그만 가도 그만, 언제나 타향'이라는데.

청현산방 주인 도천

# 관수유거(觀水幽居)

觀水幽居(관수유거)—. 물을 보며 그윽이 살다.

내 생가(生家) 역동 집은 고려 말의 대학자요 역경(易經)을 우리 나라에 맨 처음 소개한 우탁 선생을 숭모하여 퇴계(退溪) 이황이 건립한 역동서원 유허지(遺虛址)에 지은 집이다. 역동서원은 조선 말에 헐리게 되었다. 우리 집에서 낙동강을 따라 2, 30분만 걸어가면 퇴계가 시(詩) 쓰고 강론하던 도산서원에 이른다. 퇴계가 그의 제자 월천(月川) 조목과 주고받은 편지를 모은 ≪사문수간(師門手簡)≫을 보면 퇴계는 역동서원을 짓고 난 후 가끔 와서 선비들을 모아놓고 심경(心經) 강의를 했다는 기록이 있다.

역동 집에서 낙동강은 바로 코앞이다. 걸어서 3분도 안 걸리는 거리. 집을 지었을 때 사랑마루에서 낙동강 물줄기가 보이지 않으면 자손에 좋다고 한 어느 풍수의 말을 듣고 집 주위로 수백 수천 그루에 이르는 소나무를 심었다. 세월이 흘러 소나무들은 용 비늘 노송(老松)이 되어 큰 솔밭을 이루었다. 그 위로는 수백, 수천 마리의 백로(白鷺)들이 서식하고 있었다. 굽이쳐 흐르는 맑은 강물, 들판 같은 솔밭, 소나무에 둘러싸인 고가(古家), 소나무 위에 구름이 되어 앉아 있는 수백, 수천 마리의 백로, 이 네 가지가 조화를 이루어 참으로 빼어난 경치를 이룬 곳이었다.

1970년대 낙동강 아래쪽 댐(dam) 공사로 역동집은 물속에 잠길 운명에 놓이게 되었다. 그러나 다행히 문화재로 지정되어 전국 어디든지 원형 그대로 옮겨 주겠다는 정부의 제안이 왔다. 정부 말을 못 믿으시는 선친께서 "집은 우리 힘으로 옮긴다."며 이전 명단에 있는 것을 빼 버렸다. 문화재 가옥 이전(移轉)에 대한 개념이 없었던 시절의 비극이었다.

우여곡절 끝에 역동 집은 본래 있던 자리에서 뒷산 쪽으로 옮겨 짓게 되었다. 그러나 그 수려한 옛 모습을 찾아볼 수가 없다. 집 주위를 둘러섰던 소나무들은 베어진 지 오래고, 그 소나무 위에 서식하던 백로들도 제 살길 찾아 떠난 지 수십 년이 지났다. 그저 뼈대만 남은 집을 지어놓고 옛날의 모습을 상상해 보는 수밖에 없다.

다행히 조카가 돈을 들여 역동 집을 보수한다기에 나는 옛날, 옛날, 그 옛날, 낙동강에서 미역 감고 놀던 하동(河童) 시절을 회상하며 관수유거 네 글자를 써서 보낸다. 물을 보며 그윽히 살자.

청현산방 주인 도천

# 역동의 옛집

20년은 넘었지 싶다. 한국에 계신 형님으로부터 역동집 사랑마루에 걸어둘 기념될 만한 글을 하나 써 보내라는 명령이 떨어졌다.

나는 '역동'이니 '청고개', '늘매', '풍월(風月)바위', '낙동강', '역동 솔밭' 같은 단어를 들으면 걷잡을 수 없는 감정이 꿈틀대는 것을 느낀다. 논리고 객관이고 이성이 잠시 마비된다는 말이다. 그래서 나는 단숨에 글을 썼다. 글씨는 한사코 안 쓰겠다고 버티는 아내에게 "동래 정씨가 우리 집 혈통을 잇는 사람이 되었으니 마땅히 이런 일에는 기꺼이 참여해야 한다."고 위협 공갈을 쳐서 결국 붓을 잡게 했다. 글은 내 글이요 글씨는 아내의 것이니 음악으로 치면 듀엣(duet)이다.

화선지 반폭에 쓴 이 글씨는 현판으로 표구가 되어 역동 옛집 사랑 대청에 걸려 있다. 난방 시설도 없는 집이라 겨울이면 대청에 서 있는 것이 집 밖에 나가는 것만큼이나 춥고 으스스하다. 그러니 아내가 쓴 글씨는 겨울이 되면 사람 구경 한번 못 하고 있다가 여름 더위가 와서 문을 활짝 열어 놓으면 간혹 휙 한번 둘러보고 가는 사람들이 있다. 아무도 살지 않는 빈 집, 아무도 자기를 눈여겨 봐 주지 않는 사랑 대청에서 홀로 집을 지키고 있지금여기에서있는역동의옛집을옮겨지은것이다이옛집에서동학란과팔일오해방을맞았고그비극의육이오사변이오갔다역동솔밭도없어지고그솔밭에서뛰놀던아이들도자라서산지사방으로흩어진지오래다일천구백팔십년에안동댐공사로인하여수몰의우려가있어서원래집을헐어그터에서약오백보가량뒤로물러나산비탈에옮겨지었다그러나아무려하던그옛모습을어이다되살릴수있으랴거우기왓장몇개와서까래몇개를옮겨놓고옛정경을더듬어볼뿐이다후손들이여지나가는길손이여여기외로이서있는이역동의옛집에는기와한장서까래하나기둥하나하나에백년애환과추억이서리어있음을그대들은아는가

일천구백팔십년오월
동방후손 [illegible]
[illegible] 쓰다

는 글씨—. 아무리 생명이 없는 것이라 해도 가련하고 외롭다는 생각이 든다. 쉽게 읽을 수 있도록 하기 위해 현판에 적힌 글씨 전체를 아래에 옮겨 적는다.

지금 여기에 서 있는 집은 역동의 옛집을 옮겨 지은 것이다. 이 옛집에서 동학란과 팔일오 해방을 맞았고, 그 비극의 육이오 사변이 오갔다. 역동 솔밭도 없어지고 그 솔밭에서 뛰놀던 아이들도 자라서 산지사방으로 흩어진 지 오래다. 일천구백팔십 년에 안동댐 공사로 인하여 수몰의 우려가 있어서 원래 집을 헐어 그 터에서 약 오백 보 가량 뒤로 물러나 산비탈에 옮겨 지었다. 그러나 아 수려하던 그 옛 모습을 어이 다 되살릴 수 있으랴. 겨우 기왓장 몇 개와 서까래 몇 개를 옮겨 놓고 옛 정경을 더듬어 볼 뿐이다.

후손들이여 지나가는 길손이여 여기 외로이 서 있는 역동의 옛집에는 기와 한 장, 서까래 하나, 기둥 하나하나에 배 년 애환과 추억이 서리어 있음을 그대들은 아는가.

일천구백구십오년 오월
동렬 글을 짓고 동래 정옥자 쓰다

花香千里行
人情萬里薰

꽃의향기는
천리를가고
정의훈기는
만리를간다

을미새아침
정현산방주
민이동렬

# 정(情)은 억만 리를 가도

꽃의 향기는 천 리를 가고 정(情)의 훈기는 만 리를 간다(花香千里行, 情香萬里薰). 위의 연구(聯句)는 십여 년 전에 한국에서 김시헌 선생이 내게 보낸 편지에 쓰신 것으로 참 멋있는 구절이다 싶어 적어 두었다.

우리는 정(情)을 주고받는 데서 삶의 의미를 찾는다. 우리는 정 때문에 웃고 정 때문에 운다. 정 때문에 미워하고 정 때문에 서러워한다. 정이란 사람뿐 아니라 아침저녁으로 대하는 물건, 산이나 강 같은 자연, 개와 고양이 같은 동물에서도 느낄 수 있다.

새해가 온다고 카드나 전화로 안부 묻기에 바쁘다. 서로의 정을 확인하는 수단이다. 정은 만 리를 가도 그 훈기를 잃어버리지 않을 뿐 아니라 만 년, 아니 억만 년을 가도 인간의 정을 주고받는 형색(形色)에는 변함이 없을 것이라는 생각이 든다. 근하신년.

청현산방 주인 도천

蒼松不老
鶴鹿之鳴

푸르름은 늙지 아니하고 학과 사슴이 함께 운다

갑오년 설날 새로운 마음으로 청형산방 주인 도천

# 창송불로(蒼松不老)

蒼松不老, 鶴鹿齊鳴

(푸른 소나무는 늙지 않고 학과 사슴이 함께 운다.)

위의 시구(詩句)는 조선 영·정조 때의 서예가요 화가인 표암(豹菴) 강세황이 일흔여덟 살로 세상을 하직하면서 남기고 간 마지막 글귀다. 표암은 나면서 등에 표범 같은 반점이 있어서 호를 표암이라 했다.

세월이 가며 늙지 않는 생물은 없다는 것을 생각하면 늙지 않는다는 말도 한갓 부질없는 시어(詩語)에 지나지 않는 것 같다. 노인들의 장수를 비는 鶴壽千年(학은 천 년을 산다.)이란 말처럼—.

뒷동산 소나무는 어제도 오늘도 푸르다. 소나무 위로는 학(鶴)이 울고 그 아래로는 사슴이 뛰노는 풍경이 주는 한가로움과 넉넉함이 2014년 갑오 새해의 커튼이 올라가며 우리 모두의 눈앞에 펼쳐지는 마음의 파노라마(panorama)가 되었으면 얼마나 좋을까. 천지신명(天地神明)께 두 손 모아 빈다.

계사 세모에
청현산방 주인 도천

生無一日懽
死有萬世名

美石

# 2009 기축년아 잘 가거라

生無一日懽, 死有萬世名

(살아서 하루도 즐거운 날 없었지만

죽어선 만세불후토록 이름이 났네.)

위의 말은 노무현 전 대통령의 비극적인 최후에 꼭 맞는 말인 것 같다. 올해 노무현 씨의 죽음은 나에게 가장 큰 충격적인 사건이었다. 많은 다른 사람들도 그렇겠지. 그의 죽음을 동정하는 사람도 있고, 자기가 깨끗했으면 왜 스스로 죽음을 택했겠느냐고 나무라는 사람도 있다. 나는 동정파에 속한다.

가끔 "내가 만일 노무현이었으면…." 하고 상상해 본다. 그리고는 나도 자살을 하고 말았을 것이라는 결론에 이른다. 그 이유는 간단하다. 만약 내가 자살을 않고 살아 있으면서 '떳떳하게' 재판을 받는다면 명예를 회복할 가망이 있었겠는가. 없다. 한국에 언제 '떳떳한' 재판이 한 번이라도 있었던가. 굴욕과 멸시, 야유가 무덤 가는 날까지 따라다닐 여생이 아니겠는가. 아무리 대통령을 지냈다 하나 이 수모와 멸시, 냉소와 조롱을 견디고 살아갈 인내력은 없다. '소위 대통령을 지냈다는 공인(公人)이 자살을 ….' 하고 혀를 차는 사람도 있을 것이다. 나는 공인이기 전에 사람이고 싶다. 너무 공인 대통령을 강조하면 우리는 '사람 아닌 사람'을 두고 말을 하게 되는 것이다.

대통령이라고 나와 다를 것은 없다. 대통령도 부부 싸움을 하며, 대통령도 자식 걱정하고, 대통령도 불안하고 걱정되는 일로 잠 못 이루는 밤이 있다. 대통령도 사람이다.

대통령 노무현 씨의 죽음은 우리들로 하여금 많은 것을 생각토록 했다. 무엇보다도 인생에 대한 생각이다. '今日殘花 昨日開(오늘 시든 꽃 어제 피어난 것)', 인간의 부귀공명이 저 꽃과 같은 것, 한나절 뽐내자고 그 오랜 시간을 기다렸던가.

시인은 말했다. 물거품처럼 세상을 바라보자. 뜬 구름처럼 세상을 바라보자. 아지랑이처럼 세상을 바라보자. 슬픔의 기축년 소[牛]의 해야 잘 가거라.

2009 세모에
청현산방 주인 도천

# 신언불미(信言不美)

신언불미(信言不美)란 '믿음직한 말은 꾸미지 않는다.'는 말이다. 몇 주 전 캐나다 중앙일보에서 전화가 왔다기에 수화기를 드니 오는 8월 5일이 '중앙일보' 창간 14주년이 되는 날, 휘호를 하나 부탁한다는 전화였다.

은퇴를 했답시고 하루 종일 집 안에서 여기 앉았다, 저기 앉았다, 아내에겐 마치 '헌 가구'처럼 보이던 참에 이런 부탁은 그야말로 활명수 서너 병은 연거푸 들이켠 듯, 생기가 되살아나게 하는 여간 반가운 부탁이 아니다.

신문사 창간 축사에 무슨 말이 좋을까 책을 뒤적거리다가 '신언불미'라는 네 글자가 눈에 띄었다. 믿을 만한 말은 번드르르한 말, 입에 단 말, 꾸민 것이 아니라는 말이다.

글은 짧지만 뜻은 깊다.

'신문에 났더라.' '신문을 보니 그렇더라.' '신문에 난 얘기인데….' 하고 신문을 끌어대는 것을 보면 언론이 교민 사회의 대법원 구실을 해 왔다는 생각이 든다.

언론이 그 막중한 책임을 지고 있다는 것을 아는지. 여기서 신

# 信言不美

書爲中央創刊十四年
青兕山房主人 陶泉

문마저 마음에 없는 소리, 듣기에 그럴 듯한 말만 한다면 우리 교민 사회는 가는 방향을 잃고 흔들리게 된다.

창간 된 지 벌써 10년하고도 4년이 넘는다니 빠르다 세월이여…. '중앙일보'의 발전을 빈다.

산돌아 물돌아 하늘 아래 열두 굽이 멧새도 오지 않는 내 고향 육륙봉에 세월은 강이 되고 갈대밭 되어 겨울 가면 봄 여름 가을이 오고 그리움 산국화 되어 바람 끝에 맴돈다

홍원표님께 청랑산을 그리워하는 시조 한 도막을 지어 용비어천가체로 써서 드리라 이 시는 내 고향에 있는 청랑산이 그리워 내가 지은 노래인데 홍원표님이 이 시조에 곡을 달아 청랑산이라는 가곡이 하나 태어났다 신묘 겨울 도천

# 청량산

왼쪽에 자리 잡은 글씨는 내가 홍원표 형에게 써드린 글씨다. 홍원표 형은 색소폰(saxophone)과 클라리넷(clarinet) 주자로 한국에 있을 때는 MBC 문화방송 관현악단 단장을 지낸 분이다.

나는 언젠가 내 고향에 있는 명산(名山) 〈청량산〉 제목을 단 시조 한 수를 지은 적이 있다. 내용은 이렇다.

청량산

산 돌아 물 돌아 하늘 아래 열 두 구비
멧새도 오지 않는 내 고향 육륙봉에
세월은 강이 되고 갈대 밭 되어
겨울 가면 봄 여름 가을이 오고
그리움 산국화 되어 바람 끝에 맴돈다

영(嶺) 너머 들을 지나 시내 건너면
정(情)에 매인 그 세월 억만 년 세월

꿈길 따라 찾아간 꼬까옷 옛날

세월은 바람되어 꿈이 되나니

그리움 아지랑이 되어 봄날 속에 흐른다

이 노래의 노랫말을 짓고 나서 홍형을 알게 되었는데 슬며시 이 〈청량산〉을 노래로 만들어 보고 싶은 욕심이 생겨서 홍형에게 졸라대기 시작했다. 나의 끊임없는 막무가내 공세에 못 이겨 평생 학교 교가(校歌)말고 작곡은 해본 적이 없다는 그가 〈청량산〉을 위해서 오선지를 꺼냈다.

나는 음악과는 거리가 멀다. 그러나 내 나름대로 노래를 즐기고 지낸다. 내가 들어 본 많은 색소폰 연주자들 중에서 단연 홍원표를 제일로 꼽는다.

홍형은 한국에서 캐나다 토론토로 거주지를 옮겨 온 후 여러 번 색소폰을 들고 교민들 앞에 서서 그들의 넋을 빼앗아 간 적이 있다. 이제 그는 토론토 교민 사회의 보물이다.

나는 몇 년 전부터 홍형께 색소폰을 지도받고 있다. 황감스럽다. 나는 한국에 있을 때 글씨는 일중(一中) 김충현 선생께, 색소폰은 캐나다에서 홍원표 형에게 지도받고 있다. 이렇게 두 초 일류 예술가들을 스승으로 모시고 배우는데 그 제자는 세상에서 찾아보기 힘든 둔보니 이를 자랑이라고 해야 하나 부끄러운 일이라고 해야 하나. 그러나 나는 반사적 광영이라도 누려 보자는 허영에 사는 위인, 어딜 가서도 주책없이 내가 "홍원표 선생의 (무척 아끼는) 제자"라고 떠들고 다닌다. (    ) 안의 글자는 자리 봐서 뺐다 넣었다 하는 말이다.

(2015. 10.)